はじめての
GTEC
College Test Edition

CD-ROM付き

全パート概要 + 体験版 CD-ROMで、
本番に近いテスト対策ができる！

解説：ヒロ前田

GTEC リニューアルのお知らせ

＜読者の皆さまへ：重要なご案内です＞
2018年3月、GTECがリニューアルされました。

新名称と商品のラインアップ

※試験の名称等は2018年6月時点のものです。また各種手続き方法も変更しています。最新情報は、裏面に掲載の「大学生・社会人向けGTECホームページ」で確認ください。

＜＜『GTEC完全攻略』に対応している試験＞＞
■旧：GTEC （4技能 LRWS）公開会場試験

新名称	新試験時間	新試験会場	新価格
GTEC Business 公開会場版（4技能）	約90分	全国の公開会場	13,200円（1回あたり）

※問題内容や出題形式、採点基準等に変更はなし。これまでと同様、社会人・大学生向けに「英語を活用する能力」を短時間で正確に測定する。

＜＜『はじめてのGTEC College Test Edition』に対応している試験＞＞
■旧：GTEC College Test Edition

新名称	試験時間	新試験会場	新価格
GTEC Academic 2技能LR（大学向け）	約30分（変更なし）	学内／自宅	2,200円

※問題内容や出題形式、試験時間等に変更はなし。これまでと同様、受検者の能力レベルに対応する出題方式と、アカデミック・ジェネラル中心の出題内容で、大学生の英語力を短時間で正確に測定する。
※上記の2技能の試験以外に、4技能試験が追加。
※掲載の価格は、全て税抜き価格。

裏面もご覧ください

試験画面の変更

試験画面が変更になります。 ※下記は Listening の一例です

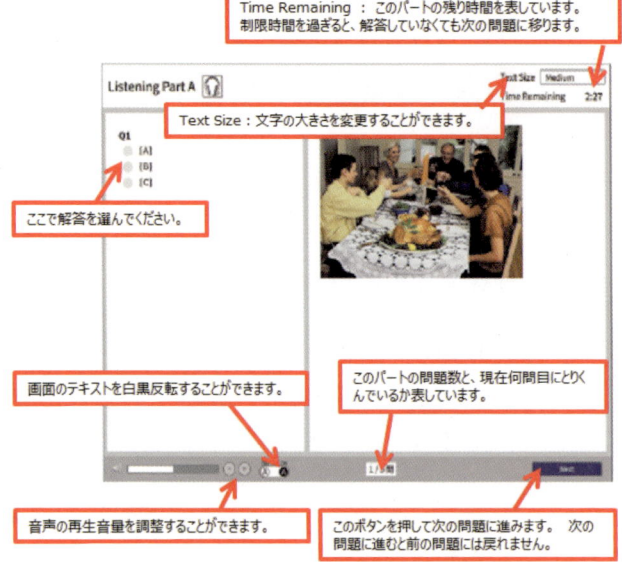

技能別に、操作上の変更点は以下の通りです。

Listening …… 問題ごとに自動で音声が再生されます（Listen ボタンがなくなりました）。

Reading ……… 1画面で複数の問題を解答するページがあります。

Writing ……… 入力した文章を Copy、Cut、Paste できる機能が追加されました。

Speaking……… 録音は準備期間を経て自動でスタートします（任意のタイミングでの録音スタートはできません）。

GTEC のホームページもご覧ください
●大学生・社会人向け GTEC ホームページ
http://www.benesse.co.jp/gtec/top.html

GTEC開発担当者からのメッセージ

　GTECシリーズは、毎年40万人を超える高校生が受験するGTEC for STUDENTS、グローバルカンパニー800社が受験するGTEC。そして今回リリースした大学生向けのGTEC College Test Editionと進化しています。GTECシリーズに共通するコンセプトは単なる「英語力」ではなく、本当に使える「英語運用能力」の測定です。
　将来世界へ羽ばたく大学生向けGTEC College Test Editionをラインアップに加えることができ、われわれも大変うれしく思っています。

　もっと手軽に、もっと短時間で、もっと安く、もっと正確にと、あらゆるニーズにお応えすることによって、実現したGTEC College Test Edition。このテストは大学生の生活圏内で想定できるシチュエーションに特化した問題で構成されています。よって、出題の意図やシチュエーションが分からないが故に、解答に迷うことがありません。
　また、フィードバックとなるScore Reportは、単にトータルスコアを提示するだけでなく、Listening、Reading別のスコア提示や、各パートの10段階評価など、今後の英語学習にある程度の指針を与えてくれます (Score Reportによる個人フィードバックの有無は学校の指示によって違います)。
　一人一人が自分の強みや弱みを知り、課題を発見できることで、自らがそれを克服し、成長を促進させるためのツールとして、多角的に活用できるテストです。

　今後ますます英語の必要性は高くなります。この新しいテストが大学でさらに活用されることによって、大学生の英語学習へのモチベーションを向上する一助になれば、と願っております。そして、本当に使える英語力を身に付け、世界中の課題を解決してくださることを心から期待しております。
　社会人になってからもGTECラインアップの活用で、ご自身の成長を測り続けることが可能です。ぜひとも、生涯の成長の軌跡としてご活用いただけますと幸いです。

　　　　　　　　　2010年3月　株式会社ベネッセコーポレーション
　　　　　　　　　　　　GTEC研究開発チーム　平山恭子

Contents

GTEC 開発担当者からのメッセージ ... 3
本書の使い方 ... 6

GTEC College Test Edition とは ... 9

GTEC College Test Edition の特徴 ... 10
GTEC for STUDENTS との違い ... 11
各パートの出題内容 ... 12
ほかのテストとの比較 ... 14
Score Report ... 16
CAN DO リスト ... 17
GTEC ラインアップ ... 18
テストの操作方法 ... 20

パート別問題紹介 ... 21

Listening Section

Part A ... 22
Part B ... 24
Part C ... 26

Reading Section

Part A ... 30
Part B ... 32
Part C ... 35

コラム

- 押さえておきたい 文法の基礎 ... 104
- 文法問題の解き方のコツ ... 122
- リスニング力 up に役立つ 英語の発音の特徴 ... 132
- 知っているとスコアアップ!?
  GTEC College Test Edition 受験のコツ ... 135

模擬試験 解答と解説 ... 41

模試の受け方 ... 42
解答と解説 ... 44

Listening Section
Part A ... 44
Part B ... 47
Part C ... 53

Reading Section
Part A ... 62
Part B ... 77
Part C ... 86

ヒロ前田が教える
英語学習法のアドバイス ... 107

リスニング ... 108
文法 ... 113
リーディング ... 116

GTEC College Test Edition
受験のためのお役立ち教材 ... 125

✚ 本書の使い方

本書では、GTEC College Test Edition の特徴や出題形式を紹介し、付属の CD-ROM にはミニ模擬試験を収録しています。
本を使ってテストの特徴を学んだら、付属の CD-ROM で模擬試験に挑戦してみましょう。
英語力をさらに伸ばしたい人は、「英語学習法のアドバイス」や「お役立ち教材」のページを参考にしてください。

GTEC College Test Edition とは

ここでは GTEC College Test Edition の特徴を紹介しています。テストの構成や Score Report、実際の操作方法、ほかのテストとの違いなどを具体的に見ていきましょう。

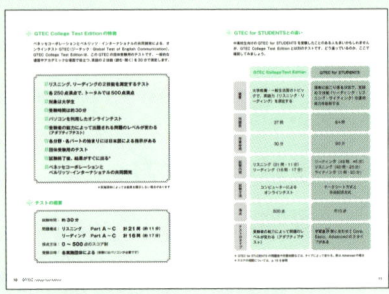

パート別問題紹介

ここでは各パートで出題される問題の形式や、テスト画面、例題を紹介しています。模擬試験を受ける前によく読んで、どんな問題が出題されるかを確認しておきましょう。

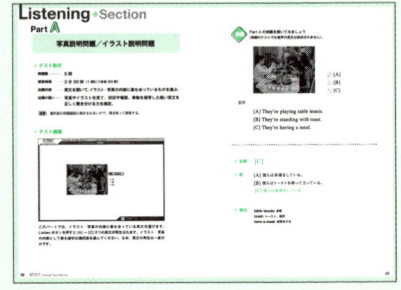

模擬試験 解答と解説

「模試の受け方」では CD-ROM に収録されたミニ模試の受験方法や、注意点を掲載しています。受験前に必ずここを読むようにしてください。
続いて、模擬試験の「解答と解説」を掲載しています。間違えた問題や難しかった問題はここを読んで、復習しておきましょう。

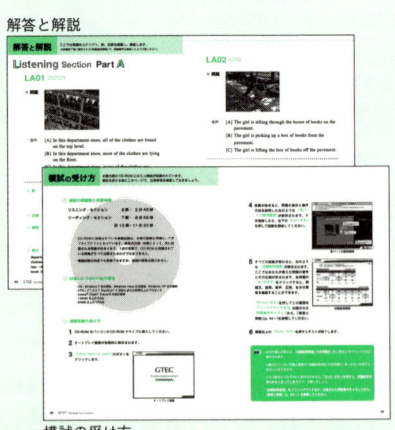

模試の受け方

英語学習法のアドバイス

英語学習法を「リスニング」「文法」「リーディング」に分けて紹介しています。もっと英語力を伸ばしたい人はここを参考にしてください。GTEC College Test Edition 対策のお勧め勉強法も掲載しています。

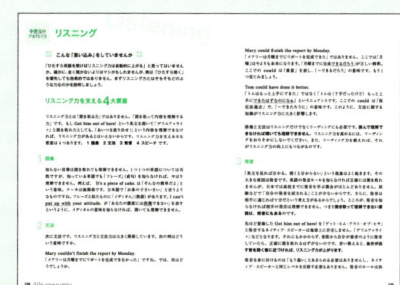

GTEC College Test Edition
受験のためのお役立ち教材

GTEC College Test Edition のスコアアップに役に立つ、書籍やウェブサイトを紹介しています。テスト対策や英語力アップに役立ててください。

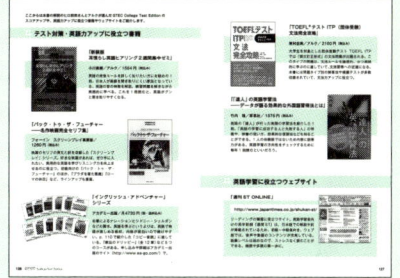

付属CD-ROM

付属の CD-ROM には、GTEC College Test Edition のミニ模試が収録されています。p. 42-43「模試の受け方」で、動作環境や使用上の注意を確認してから、受験してください。

コラム

コラムでは英語の基礎知識や、GTEC College Test Edition 対策に役立つ事柄を、まとめて紹介しています。テスト直前のチェックなどに役立ててください。コラムは p. 104、p. 122、p. 132、p. 135 にあります。

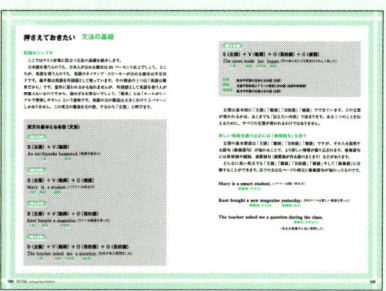

7

GTEC College Test Editionとは

GTEC College Test Edition の特徴

ベネッセコーポレーションとベルリッツ・インターナショナルの共同開発による、オンラインテスト GTEC（ジーテック：Global Test of English Communication）。GTEC College Test Edition は、この GTEC の団体受験用のテストです。一般的な場面やアカデミックな場面で役立つ、英語の 2 技能（読む・聞く）を 30 分で測定します。

- リスニング、リーディングの 2 技能を測定するテスト
- 各 250 点満点で、トータルでは 500 点満点
- 対象は大学生
- 受験時間は約 30 分
- パソコンを利用したオンラインテスト
- 受験者の能力によって出題される問題のレベルが変わる（アダプティブテスト）
- 各分野・各パートの始まりには日本語による指示がある
- 団体受験用のテスト
- 試験終了後、結果がすぐに出る*
- ベネッセコーポレーションとベルリッツ・インターナショナルの共同開発

＊実施団体によっては結果を開示しない場合があります

テストの概要

試験時間：	約 30 分
問題構成：	リスニング　　Part A 〜 C　　計 21 問（約 11 分） リーディング　Part A 〜 C　　計 16 問（約 17 分）
採点方法：	0 〜 500 点のスコア制
受験日時：	各実施団体による（受験にはパソコンが必要です）

✛ GTEC for STUDENTSとの違い

中高校生向けの GTEC for STUDENTS を受験したことのある人も多いかもしれませんが、GTEC College Test Edition とは別のテストです。どう違っているのか、ここで確認してみましょう。

	GTEC College Test Edition	**GTEC for STUDENTS**
概要	大学教養・一般生活面のトピックで、英語力（リスニング・リーディング）を測定する	現実に起こり得る状況で、英語の3技能（リーディング・リスニング・ライティング）の運用能力を診断する
問題数	37問	84問
所要時間	30分	90分
試験内容	リスニング（21問・11分） リーディング（16問・17分）	リーディング（43問・45分） リスニング（40問・25分） ライティング（1問・20分）
試験方法	コンピューターによる オンラインテスト	マークシート方式と 自由記述方式
満点	500点	810点
テストのタイプ	受験者の能力によって問題のレベルが変わる（アダプティブテスト）	学習進捗度に合わせて Core、Basic、Advanced の3タイプがある

＊ GTEC for STUDENTS の問題数や所要時間などは、タイプによって変わる。表は Advanced の場合

各パートの出題内容

どんな問題が出題され、どんな力が測定されるか見てみましょう。

Listening Section　リスニング セクション

大学教養・一般生活面のトピックで、正確な聞き取りだけでなく、素早く反応して答える力や、目的に応じて必要な情報を選択して聞き分け、要点を理解する力など、多角的で実用的なリスニング能力を測定します。

> **診断される英語力**
> 基本的語彙を聞き分ける力
> 応答の速さ・相手の発話の聞き取りの正確さ
> 文章を聞いて意味をつかむ力・必要な情報をすくい取る力

Part A　写真説明問題／イラスト説明問題　5問・2分30秒

> 3つの英文の音声を聞いて、テスト画面に表示された写真やイラストを正確に描写したものを選びます。英文は画面に表示されません。

Part B　会話応答問題　8問・3分30秒

> 質問とそれに対する3つの返事を聞いて、正しく応答しているものを選びます。英文は画面に表示されません。

Part C　要点理解問題　8問・5分

> 一定以上の長さの英文音声（会話やアナウンス）を聞いて、その内容に関する設問に答えます。設問だけがテスト画面に表示されます。

Reading Section リーディング セクション

大学教養・一般生活面のトピックで、語彙語法レベルの読解基礎力、速読的な読解力、そして精読的な読解力と、それぞれ読みの下位技能に着目して構成した多角的な出題で、リーディング能力の測定を行います。

> **診断される英語力**
> 語彙・語法のアクティブな知識
> 文章の要点を理解する力・必要な情報を探し出す力

Part A 語彙語法問題　10問・7分

> 空欄のある英文を読んで、選択肢の中から空欄に入る最も適した語句を選びます。

Part B 速読・要点理解問題　5問・5分20秒

> 比較的短い英文（150語程度）を読んで、その内容に関する設問に答えます。設問は1つです。

Part C 長文理解問題　1問（小問3問）・4分30秒

> まとまった量の英文（350語程度）を読んで、その内容に関する設問に答えます。設問は3つあります。

ほかのテストとの比較

GTEC College Test Edition とほかの英語資格テストとはどのように違うのでしょうか。下の表で比較してみました（情報は 2014 年 12 月現在のものです）。

	GTEC College Test Edition	TOEIC	英検
概要	大学教養・一般生活面のトピックで、英語力（リスニング・リーディング）を測定する。受験者の能力レベルに対応する出題方式	英語によるコミュニケーション能力を幅広く評価する世界共通のテスト。約 120 カ国で実施	日常生活に必要な英語を、基礎知識から運用能力まで総合的に測定（5 級～1 級までの 7 階級。3 級以上はスピーキングテストあり）
試験内容と所要時間	リスニング（21 問 11 分）リーディング（16 問 17 分）全体で約 30 分	リスニング（100 問・45 分）リーディング（100 問・75 分）計 120 分	＊内容は級により異なる。以下は準 1 級の場合 〈一次試験〉筆記（語彙・読解・作文、90 分）リスニング（約 25 分）〈二次試験〉英語での面接（約 8 分）
試験方法	コンピューターによるオンラインテスト	マークシート方式による一斉客観テスト	〈一次試験〉マークシート方式またはコンピューター方式による客観テスト（1 級、準 1 級は一部記述式）〈二次試験〉英語での面接
実施時期	各実施団体による	年 9 回	年 3 回
受験料	2160 円（税込み）	5725 円（税込み）	＊級により異なる 準 1 級：6900 円（税込み）
採点と結果通知	500 点満点のスコア 受験後すぐ通知＊	10～990 点のスコア 30 日以内に郵送	合否 一次試験、二次試験ともに郵送 ＊コンピューター方式は終了後、その場で確認可能

＊実施団体によっては結果を開示しない場合があります

ほかのテストとのスコア換算表

GTEC College Test Edition	TOEIC	英検
500	1281	1級
480	1224	
460	1168	
440	1111	
420	1054	
400	997	
380	941	
360	884	
340	827	準1級
320	770	
300	714	
280	657	
260	600	2級
240	544	
220	487	
200	430	準2級
180	373	
160	317	
140	260	3級
120	203	
100	147	
80	90	
60	33	
40	-24	
20	-80	
0	-137	

＊ のスコアは計算上の値で、実際には存在しません
＊数値は目安です

Score Report

受験後、結果は「Score Report」で確認することができます。技能別のスコアや各パートの10段階評価が表示されるので、参考にしましょう。
＊採用大学によっては、配布されない場合もあります

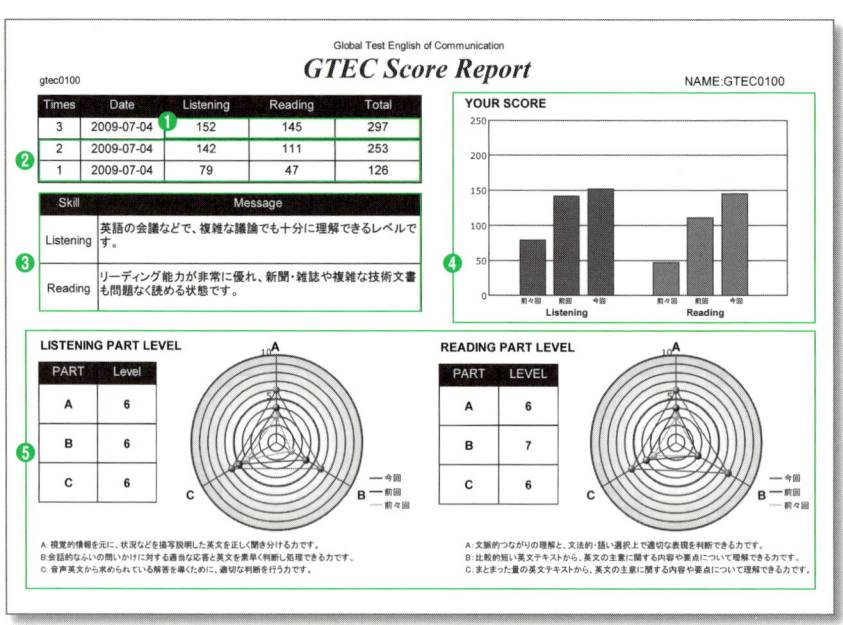

❶ 受験者のスコアです。各技能250点満点で、合計500点満点

❷ 過去に受験した際のスコア履歴が表示されます

❸ 受験者の英語レベルについて、技能別にコメントしています

❹ 過去から現在のスコアをグラフで表示。実力の伸びが分かります

❺ リスニングとリーディングの実力を10段階で示しています

✚ CAN DO リスト

GTEC College Test Edition でどのくらいのスコアが取れたら英語を使って実際にどのようなことができるのかを、下の表で確認してみましょう（満点は250点）。

スコア	Listening Section	Reading Section
250		
240		リーディング能力が非常に優れ、新聞・雑誌や複雑な技術文書も問題なく読める状態です。
230	英語の会議などで、複雑な議論でも十分に理解できるレベルです。	
220		
210		新聞・雑誌や仕事で来るメールや技術文書は十分速く読み、理解できる状態にあります。
200		
190	英語の会議や電話でのやりとりでも、相手の話すことの内容理解に大きな支障はないでしょう。	
180		
170	英語の会議などではおおむねついていくことができますが、複数の人間が同時に話した際、部分的に理解できないところがあります。	新聞・雑誌や仕事で来るメールや技術文書は、大きな支障なく読んで理解できるでしょう。
160		
150	英語を使った会議では、理解できない箇所、スピードについていけないケースがありますが、旅行や買い物でのやりとり程度であれば支障なく理解できます。	
140		仕事で来る通常のメールや文書なら読みこなせる状態ですが、複雑なものは時間がかかります。
130	ホテルやレストランの予約や買い物の際に、相手の言うことに何とかついていけるレベルです。	
120		新聞の興味のある記事や、簡単なメールや文書なら読めますが、複雑なものは時間がかかります。
110	旅行などの場面で、相手が言うことを半分程度は理解できる状態です。	
100		個人的で簡単なメールや文書なら読める状態ですが、複雑なものは困難を感じます。
90		
80	単純なフレーズならば理解できますが、会話にはついていくのが困難な状態です。	個人的で簡単なメールや文書なら読める状態ですが、複雑なものは難しいレベルです。
70		
60		
50		
40	単語や単純なフレーズをゆっくり言ってもらえれば、何とか理解できる状態です。	簡単な看板やメモなどの短いメッセージならば読むことができます。
30		
20		
10		
0		

✤ GTECラインアップ

GTECには次のような種類があり、さまざまな目的で用いられています。
（受験料および会場使用料は、2017年4月現在の税込み価格を表示しています。最新の情報はGTECの公式サイト　http://www.benesse.co.jp/gtec/　でご確認ください）

テストの名称		Listening	Reading	Writing	Speaking	総合受験時間	1名当たりの受験料（税込み）
GTEC 4技能	問題数	27	25	3	4	約80分	個人受験 1万2960円 法人受験 9720円 RUSH採点 3240円 （3営業日で採点・法人受験のみ）
	時間	13	24	26	12		
CTE LRWS	問題数	21	16	2	3	約50分	6480円
	時間	11	17	12	9		
CTE LS	問題数	21	—	—	3	約20分	4320円
	時間	11	—	—	9		
CTE RW	問題数	—	16	2	—	約30分	4320円
	時間	—	17	12	—		
CTE LR	問題数	21	16	—	—	約30分	2160円
	時間	11	17	—	—		
GTEC College Test Edition LR	問題数	21	16	—	—	約30分	2160円
	時間	11	17	—	—		

＊GTEC法人受験は指定会場での受験となります
＊各パートにはインストラクションがありますので、総合受験時間は前後することがあります

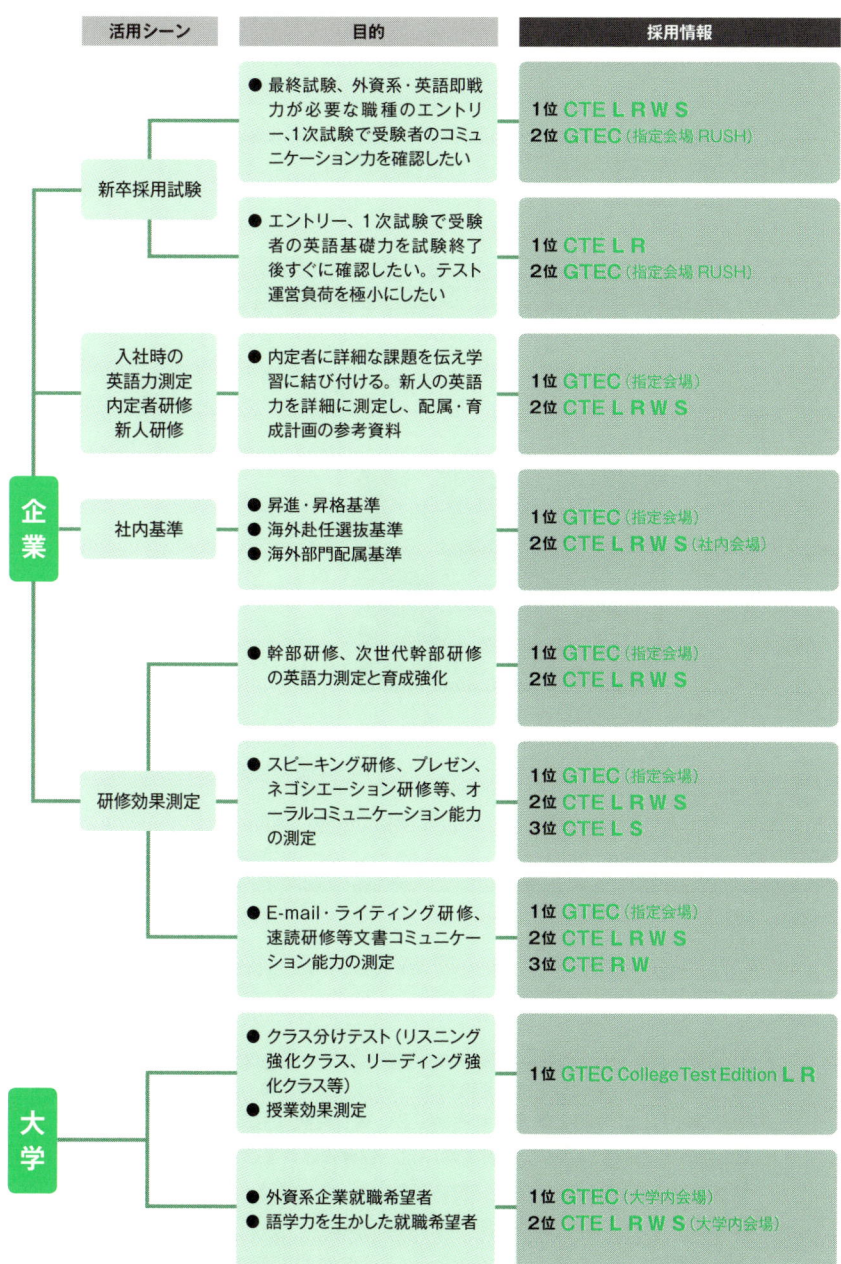

✤ テストの操作方法

ここでは、パソコン上のテスト画面と、主な操作方法を紹介します。本書付属の CD-ROM を使うと、画面の操作を実際に体験できます。

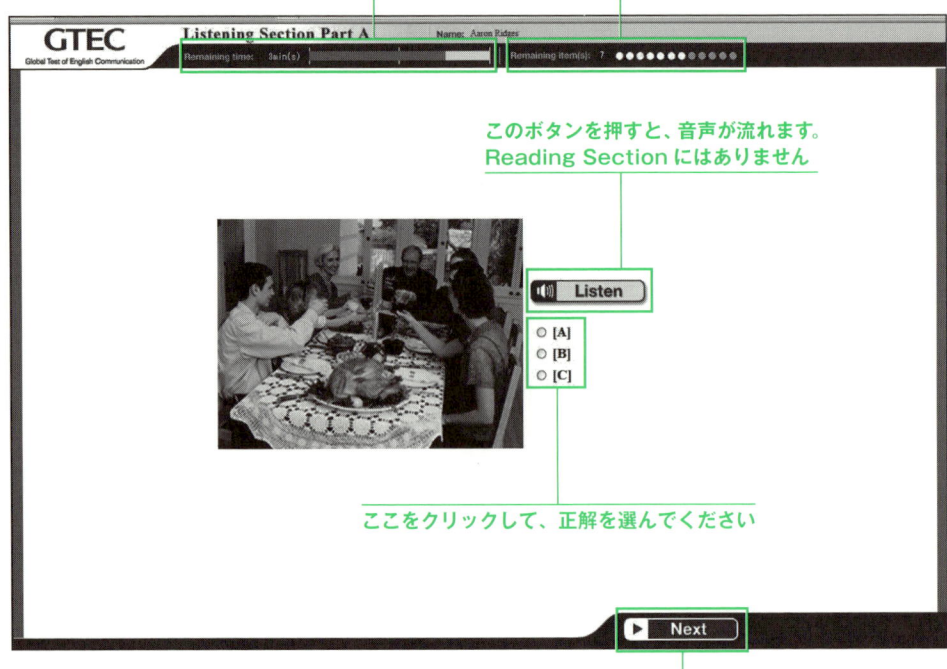

Remaining time
このパートの残り時間を表しています

Remaining item(s)
このパートの残りの問題数を表しています

このボタンを押すと、音声が流れます。
Reading Section にはありません

ここをクリックして、正解を選んでください

このボタンを押すと、次の問題に進みます

注意

・Remaining time の数字は残り時間を表します。例えば「2min(s)」(2分)と表示された場合、その表示は「2分ちょうど」から、「1分」に表示が切り替わるまで続きます(2min(s)と表示されていても、残り時間は「2分以下」です)。
・Listen と書かれたボタンを押さないと、音声は流れません。
・解答を選んだら Next ボタンで次の問題に進んでください。
・Next ボタンを押すと前の問題には戻れません。
・制限時間になると解答を選んでいなくても、自動的に次のパートに進みます。

パート別問題紹介

+ **Listening** Section — p. 22
+ **Reading** Section — p. 30

Listening ◆ Section
Part A

> 写真説明問題／イラスト説明問題

◆ テスト形式

問題数 ……… 5問

解答時間 ……… 2分30秒（1問につき約30秒）

出題内容 ……… 英文を聞いて、イラスト・写真の内容に最も合っているものを選ぶ。

出題の狙い …… 写真やイラストを見て、状況や場面、事物を描写した短い英文を正しく聞き分ける力を測定。

> **注意** 選択肢は問題画面に表示されないので、聞き取って解答する。

◆ テスト画面

このパートでは、イラスト・写真の内容に最も合っている英文を選びます。Listenボタンを押すと [A] 〜 [C] 3つの英文が再生されます。イラスト・写真の内容として最も適切な選択肢を選んでください。なお、英文の再生は一度だけです。

Part A の例題を解いてみましょう
（実際のテストでは音声の英文は表示されません）。

○ [A]
○ [B]
○ [C]

◇ 音声

[A] They're playing table tennis.
[B] They're standing with toast.
[C] They're having a meal.

◆ 正解　　[C]

◆ 訳　　[A] 彼らは卓球をしている。
　　　　[B] 彼らはトーストを持って立っている。
　　　　[C] 彼らは食事をしている。

◆ 語注　　**table tennis:** 卓球
　　　　　toast: トースト、乾杯
　　　　　have a meal: 食事をする

23

Listening ◆ Section

Part B

会話応答問題

◆ テスト形式

問題数 ……… 8問

解答時間 …… 3分30秒（1問につき約25秒）

出題内容 …… 質問文を聞き、その質問に対する最も適切な返答を選ぶ。

出題の狙い … 事前の情報がない中で、不意の問い掛けに対して、適切な返答を素早く判断する力を測定。

注意　質問と選択肢は問題画面に表示されないので、聞き取って解答する。

◆ テスト画面

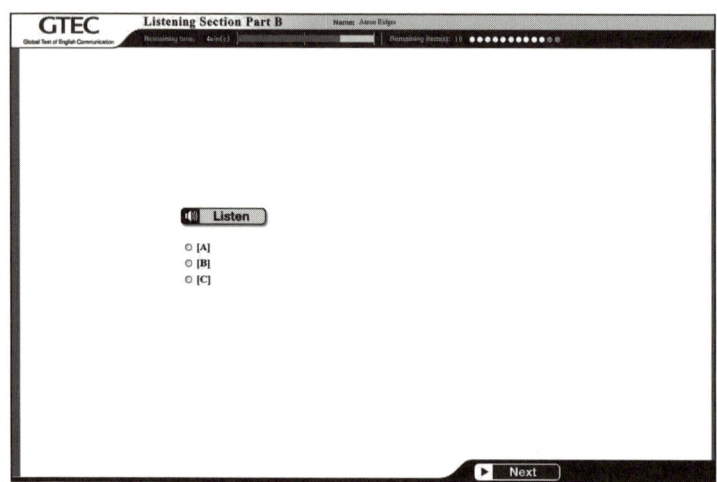

このパートでは質問文を聞き取り、その質問に対する最も適切な返答を選びます。Listenボタンを押すと、質問文に続いて、その質問に対する[A]～[C]3つの返答例が再生されます。最も適切な選択肢を選んでください。なお、英文の再生は一度だけです。

Part B の例題を解いてみましょう
（実際のテストでは音声の英文は表示されません）。

○ [A]
○ [B]
○ [C]

◇ 音声

Are you busy after class tonight?
[A] That's a horrible question.
[B] Why? What's on your mind?
[C] We will never know.

••

◆ 正解　　[B]

◆ 訳　　　今夜、授業の後忙しい？
　　　　　[A] それはひどい質問ね。
　　　　　[B] どうして？　何か考えているの？
　　　　　[C] 分からないわ。

◆ 語注　　**horrible:** 恐ろしい、ひどく嫌な
　　　　　What's on your mind?: 何を考えているのですか。

Listening Section

Part C

要点理解問題

◆ **テスト形式**

問題数	8問
解答時間	5分（1問につき約35秒）
出題内容	会話やアナウンスを聞き、その内容に関する質問に答える。
出題の狙い	一定以上の長さの英文音声を聞いて、英文の質問に答えるために必要な情報を選択し、解答を導くための判断を行う力を測定。

注意 会話やアナウンスは問題画面に表示されないので、聞き取って解答する。

◆ **テスト画面**

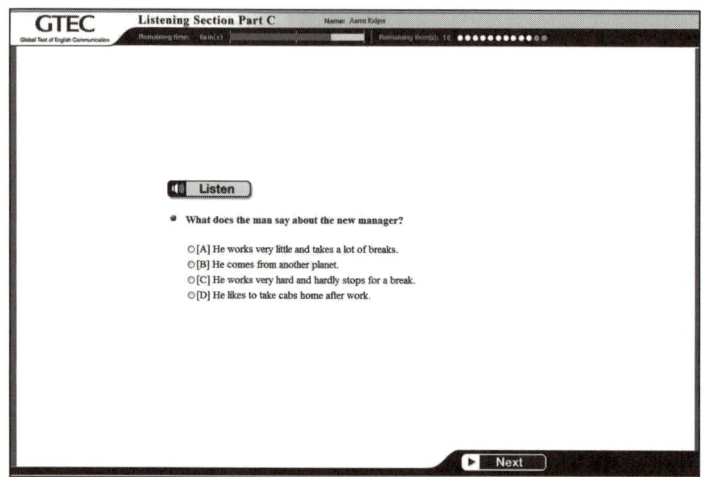

このパートでは会話やアナウンスを聞き、その内容に関する質問に解答します。まず、Listen ボタンを押して音声を聞きます。その後質問文を読み、[A] ～ [D] 4つの英文の中から最も適切な解答を選んでください。なお、英文の再生は一度だけです。

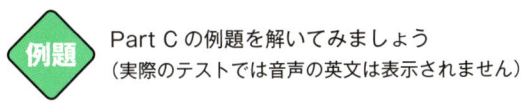
Part C の例題を解いてみましょう
（実際のテストでは音声の英文は表示されません）。

● When will the man most likely begin looking at the brochure for the speech contest?

　○ [A] Before the Monday morning classroom discussion.
　○ [B] After his classroom discussion on Friday.
　○ [C] Before his discussion on Thursday.
　○ [D] After preparing for Wednesday's classroom discussion.

◇ 音声

F:　Did you look over the brochure for the speech contest that I gave you on Monday?
M:　I'm sorry, but I haven't yet.
F:　When do you think you'll have a chance to look at it?
M:　Well, first I've got to finish going through the report before the one o'clock classroom discussion on Wednesday. Then I'll have a look at it.
F:　I know things are busy now, but Friday's speech contest is really important.
M:　I realize that. That's why I've cleared my schedule on Thursday, just so I can be sure I have enough time to prepare for it.

Listening Section

Part C

◆ 正解　　[D]

◆ 音声の訳

女性：月曜にあげたスピーチコンテストのパンフレット見た？
男性：ごめん、まだなんだ。
女性：いつ目を通す時間がとれそう？
男性：ええと、まずリポートを水曜1時のクラスディスカッションの前に読み終えないといけないんだよ。その後、目を通すよ。
女性：今忙しいのは分かるけど、金曜のスピーチコンテストはすごく重要なのよ。
男性：分かっているよ。だから木曜のスケジュールを空けて、準備をするために十分な時間がとれるようにしたんだ。

◆ 設問の訳

● 男性がスピーチコンテストのパンフレットを見始めるのはいつになりそうですか。

[A] 月曜朝のクラスディスカッションの前。
[B] 金曜のクラスディスカッションの後。
[C] 木曜のディスカッションの前。
[D] 水曜のクラスディスカッションの準備後。

◆ 語注

[音声]
look over ～：～にざっと目を通す
brochure: パンフレット、小冊子
chance: 機会
have got to do：～しなければならない
go through ～：～を調べる、～を読む
have a look at ～：～をちらりと見る

That's why ～：そういう訳で～
clear: ～を片付ける、～をきれいにする
enough ～ to do：…するに足りる～、…するのに十分な～

[設問]
most likely: 恐らく、多分

Reading Section

Part A

語彙語法問題

■ テスト形式

問題数	10問
解答時間	7分（1問につき約40秒）
出題内容	空所を含んだ英文を読み、それを完成させるために最も適当な語句を選択肢から選ぶ。
出題の狙い	英文の文脈的なつながりを理解し、文法的・意味的に最も適切な表現を判断する力を測定。

■ テスト画面

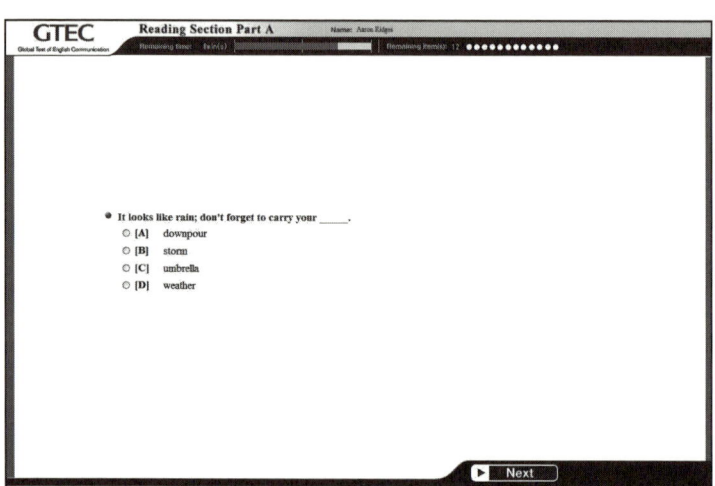

このパートでは、空所を含んだ英文が表示されます。英文を完成させるために最も適当な語句を、[A]～[D] 4つの選択肢から選んでください。

Part A の例題を解いてみましょう。

● **After finishing the contest, the entire class _____ at their local pub to celebrate.**

○ [A] congratulating
○ [B] gathered
○ [C] left
○ [D] get

■ 正解　[B]

■ 訳　コンテストを終えた後、クラス全員がお祝いをするために地元のパブに集まった。

■ 語注
［問題文］
entire: 全体の、全部の
local: 地元の
pub: パブ、酒場
celebrate: 祝う
［選択肢］
congratulate: ～を祝う
gather: 集まる

Reading ▪ Section

Part B

速読・要点理解問題

■ テスト形式

問題数 ‥‥‥ 5問

解答時間 ‥‥‥ 5分20秒（1問につき約1分）

出題内容 ‥‥‥ 短い英文を読み、その内容に関する質問に答える。

出題の狙い ‥‥‥ 比較的短い英文テキスト（150語程度）から、英文の主題や要点を理解する力を測定。

■ テスト画面

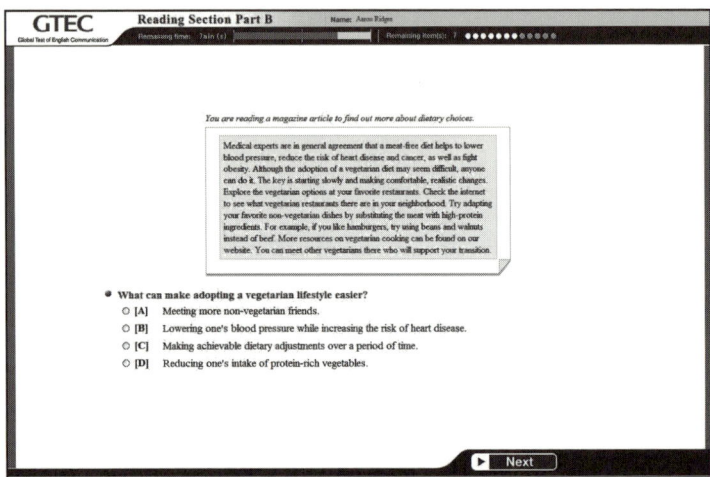

このパートでは、150語程度の短い英文が表示されます。英文の内容に関する質問に対して、最も適当なものを [A] ～ [D] 4つの選択肢から選んでください。

32　GTEC College Test Edition

例題   Part B の例題を解いてみましょう。

> Look at a map of South America, and you will notice that the Amazon River generally follows a line just south of the equator. It flows from the Andes in Peru to the Atlantic in the east, across the northern part of South America. The region drained by this long river is vast, extending several hundred miles north and south of the Amazon, and into Venezuela, Colombia, Ecuador, Peru, and Bolivia. However the greater part of the Amazon region, or basin, is in Brazil. The Amazon region of Brazil is covered by the world's largest tropical rain forest. This jungle is almost completely impassable, except along the rivers and streams. In the dark forests there are beautifully colored parrots, noisily chattering monkeys, and many other strange animals and plants. The only highway across the northern part of Brazil is the Amazon River. As it flows eastward it is joined by many branches, and grows deep and wide.

● **What is the main topic of this passage?**

    ○ [A] The Amazon region.
    ○ [B] Brazil.
    ○ [C] Tropical rain forests.
    ○ [D] Amazon River fish.

Reading Section

Part B

■ 正解　　[A]

■ 訳

南アメリカの地図を見てください。そうすればアマゾン川は一般に赤道のちょうど南の線に沿って流れていることに気付くでしょう。アマゾン川はペルーのアンデス山から、南アメリカの北部を横切って、東の大西洋まで流れています。この長い川によって排水される地域は広大で、アマゾン川の北と南に数百マイル広がり、ベネズエラやコロンビア、エクアドル、ペルー、ボリビアまで及びます。しかしながらアマゾン地域、すなわち流域の多くの部分はブラジルにあります。ブラジルのアマゾン地域は世界一広い熱帯雨林に覆われています。このジャングルは川沿いを除くと、ほとんど完全に通行できません。暗い森には、美しい色のオウムや騒々しく鳴くサル、そのほかの多くの風変わりな動物や植物が存在しています。ブラジルの北部を横切る唯一のルートはアマゾン川です。アマゾン川は東へ流れるにつれて、多くの支流が交わり、深く広くなります。

● このパッセージ（文章）の主題は何ですか。

[A] アマゾン地域。
[B] ブラジル。
[C] 熱帯雨林。
[D] アマゾン川の魚。

■ 語注

[長文]
South America: 南アメリカ（大陸）
Amazon River: アマゾン川（南米の大河）
follow: ～に沿っていく、～と平行して走る
equator: 赤道
flow: 流れる
Andes: アンデス山脈（南米西部の大山脈）
Peru: ペルー（南米西部の共和国）
Atlantic: 大西洋
region: 地域
drain: （土地などから水）をはかせる
vast: 広大な
extend: 広がる
Venezuela: ベネズエラ（南米北部の共和国）
Colombia: コロンビア（南米北西部の共和国）
Ecuador: エクアドル（南米北西部の共和国）
Bolivia: ボリビア（南米中西部の共和国）
basin: 流域
Brazil: ブラジル（南米の共和国）
tropical rain forest: 熱帯雨林
impassable: 通行不能の、通れない
stream: 小川、細流
colored: 色の付いた
parrot: オウム
chatter: （鳥やサルが）鳴く
highway: 幹線道路、主要ルート
eastward: 東方へ
branch: （川の）支流

[設問]
passage: （文章の）一節

Part C

長文理解問題

■ テスト形式

- 問題数 ……… 1問（小問3問）
- 解答時間 ……… 4分30秒（1問につき約1分30秒）
- 出題内容 ……… 長文を読み、その内容に関する質問に答える。
- 出題の狙い …… まとまった量の英文テキスト（350語程度）から、英文の主題や詳細部分の要点を理解し、必要な情報を読み取る力を測定。

注意 設問（小問）は1問ずつ表示されます。NEXTボタンを押して次の問題に進むと、前には戻れません。

■ テスト画面

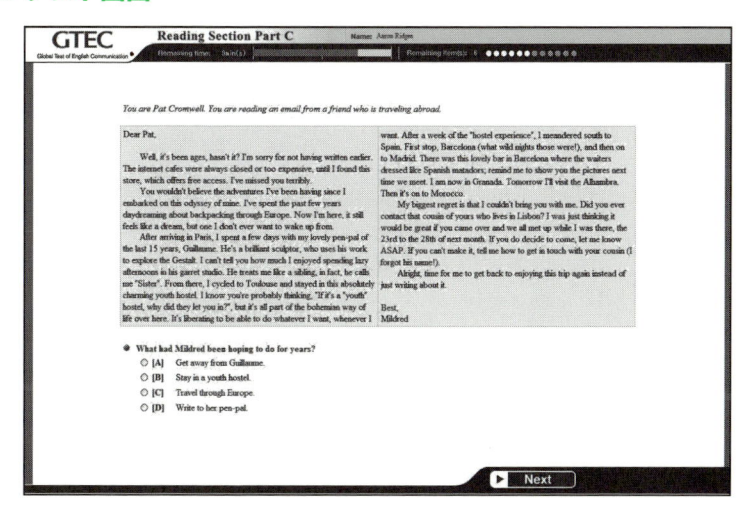

このパートでは、英文の内容に関する質問に答えます。最も適当なものを[A]～[D]4つの選択肢から選んでください。英文の内容に関する質問は全部で3つあります。

Reading Section

Part C

例題 Part C の例題を解いてみましょう。

Communication is said to be an essential factor in order for Homo Sapiens to be called human. People would probably never have come this far in civilization if some method of communication had never appeared.

However, though human beings have been communicating with one another for thousands of years, few of our modern methods of communication were possible until the invention of electricity. Writing and delivering letters had been the dominant way to convey messages in interpersonal relationships until the telephone, fax and recently e-mail came into the picture.

Is postal mail fading away as the newly developed methods prevail with their easier and quicker features? Many people feel that the traditional post office that we have all grown up to know will soon be a quaint old memory of a distant age. Statistics from Japan's Ministry of Postal Services, however, show that the volume of traditional mail was growing steadily even in the 1990s, when pagers, cellphones, and the Internet became social phenomena. The number of letters and parcels sent per person each year almost reached 200 in 1995, an increase of 8% since 1990. Although this figure includes commercial mail sent by businesses, it cannot be denied that postal mail is still very much alive and well.

Among the four categories of postal mail—letters, postcards, New Year's postcards, and parcels—letters have been ranked at the top since 1988, exceeding postcards, which had been at the top until then.

Postal mail is preferred because it gives a polite and sincere impression to the recipients. According to a report, almost 50% of people pointed out that writing a letter is more polite and more than 40% said they feel the sincerity of the sender when receiving a letter. And the top reasons for choosing letters as a tool of person-to-person communication was that letters express a person's feelings well, which was confirmed by about 56% of the people in the survey.

In spite of the prevalence of the telephone, fax and e-mail, postal mail is still the major means of communication. It is still used by people who want to convey their messages sincerely and securely.

● 1. According to the author, our modern methods of communication have been made possible on account of what invention?
  ○ [A] E-mail.
  ○ [B] Communication.
  ○ [C] Electronics.
  ○ [D] Electricity.

● 2. What do the results of the survey mentioned in the passage show?
  ○ [A] That very few people think the postal service will survive.
  ○ [B] That some people think the postal service has become more costly than before.
  ○ [C] That more people than expected still rely on the postal service.
  ○ [D] That postal mail is not as effective in conveying feelings as e-mail.

● 3. Which statement would the author of the passage probably agree with?
  ○ [A] People cannot survive because our means of communication have been disappearing.
  ○ [B] Writing letters is less useful than more modern methods of communication such as the telephone, fax, and e-mail.
  ○ [C] The volume of commercial mail sent by business averaged 200 per person in 1995.
  ○ [D] The postal service is still regarded as the principal means of person-to-person communication.

Reading Section

Part C

■ 正解　1. [D]　2. [C]　3. [D]

■ 訳

　ホモサピエンスが人間と呼ばれるために、コミュニケーションが極めて重要な要因といわれます。あるコミュニケーション手段が現れなかったら、人間の文明は決してこんなに進歩しなかったでしょう。

　しかしながら何千年もの間、人間は意思を伝え合ってきましたが、近代のコミュニケーション手段のほとんどは電気の発明で初めて可能になりました。電話やファクス、最近ではEメールが登場するまでは、手紙を書いて配達することが個人間でメッセージを伝えるための主要な手段でした。

　新しく開発された手段が、その簡単で速いという特徴のために普及するにつれて、郵便は消えていくのでしょうか。多くの人は私たち皆が成長して知った伝統的な郵便局は、すぐに古くさい記憶の産物となるだろうと感じています。しかしながら日本の郵政省の統計によると、ポケベルや携帯電話、インターネットが社会現象になった1990年代でさえも、伝統的な郵便の量は着実に増えていたそうです。1人当たりが毎年送る手紙や小包の数は1995年にはほぼ200通に届き、これは1990年から8パーセントの増加でした。この数字には企業によって送られる商業用郵便も含まれていますが、郵便がまだまだ健在であることは否定できません。

　郵便の4カテゴリー、手紙とはがき、年賀はがき、小包の中で、手紙は1988年以来トップで、それまでトップだったはがきを超えています。

　郵便は受け取った人に礼儀正しく誠実な印象を与えるので、好まれています。リポートによると、ほぼ50パーセントの人々が手紙を書くことはより礼儀正しいと指摘し、40パーセントを超える人々が手紙を受け取ると送り手の誠実さを感じると言いました。さらに個人間のコミュニケーションの道具として手紙を選ぶ一番の理由は、手紙は人の気持ちをよく表現するからで、このことは調査で約56パーセントの人々によって裏付けられました。

　電話やファクス、Eメールの普及にもかかわらず、郵便はいまだに主要なコミュニケーション手段です。それはメッセージを誠実にそして安全に伝えたい人々によって、いまだに用いられています。

● 1. 著者によると、何の発明のおかげで近代のコミュニケーション手段が実現しましたか。

[A] E メール。
[B] コミュニケーション。
[C] 電子工学。
[D] 電気。

● 2. パッセージ(文章)の中で触れられている研究結果は、何を示していますか。

[A] 郵便が生き残ると考える人はほとんどいないということ。
[B] 郵便は以前よりも費用がかかるようになったと考える人もいるということ。
[C] 予想されたよりも多くの人がいまだに郵便に頼っているということ。
[D] 郵便は感情を伝えるのに E メールほど効果的ではないということ。

● 3. パッセージの筆者が賛成すると考えられるのは、どの意見でしょうか。

[A] コミュニケーション手段が消えつつあるので、人々は生き残れない。
[B] 手紙を書くことは、電話やファクス、E メールといったもっと近代的なコミュニケーション手段よりも役に立たない。
[C] 企業によって送られる商業用郵便の量は、1995年に1人につき平均200通になった。
[D] 郵便はいまだに、個人間コミュニケーションの主要な手段と見なされている。

語注

[長文]
essential: 不可欠な、極めて重要な
factor: 要因
in order for ~ to do: ~が…するために
Homo Sapiens: ヒト（現生人類の学名）
human: 人間
this: こんなに
civilization: 文明、文明化
method: 方法
appear: 現れる、出現する

human beings: 人、人間
communicate with ~ : ~と情報・意見・気持ちを伝え合う
one another: お互い
possible: 可能な
invention: 発明
electricity: 電気
deliver: （手紙など）を配達する
dominant: 最も有力な、優勢な
convey: （感情など）を伝える

Reading Section

Part C

interpersonal: 個人間の
relationship: 関係
recently: つい最近
come into the picture: 登場する
postal mail: 郵便
fade away: 姿を消す、見えなくなる
newly developed: 最近開発された
prevail: 普及する
feature: 特徴
traditional: 伝統的な
post office: 郵便局
grow up: 大人になる
quaint: 古風で趣のある
distant: (時間的に) 遠い
statistics: 統計
ministry: (英国・日本政府の) 省
volume: (仕事・生産・取引などの) 量
steadily: しっかりと、着々と
pager: ポケットベル
cellphone: 携帯電話
Internet: インターネット
social phenomena: 社会現象。phenomena は phenomenon (現象) の複数形
parcel: 小包
per: 〜につき
increase: 増加
figure: 数字
include: 〜を含む
commercial: 商業の
deny: 〜を否定する
alive and well: 元気でぴんぴんして
category: 範ちゅう、区分
postcard: はがき
rank: 〜を位置付けている
exceed: 〜を超える
prefer: 〜を好む
polite: 丁寧な、礼儀正しい

sincere: 誠実な
impression: 印象
recipient: 受取人
point out 〜: 〜を指摘する
sincerity: 率直さ、誠意
sender: 発送人
receive: 〜を受け取る
choose: 〜を選ぶ
tool: 道具、手段
person-to-person: 個人対個人の
express: 〜を表現する
feeling: 感情、気持ち
confirm: 〜を確認する、〜を裏付ける
survey: 調査
prevalence: 普及、流布
major: 主要な
means: 方法、手段
sincerely: 誠実に、心から
securely: 安全に、しっかりと
[設問]
author: 著者
on account of 〜: 〜のために
electronics: 電子工学、エレクトロニクス
result: 結果
mention: 〜に言及する、〜であると述べる
survive: 生き残る
costly: 高価な、費用のかかる
rely on 〜: 〜に頼る
effective: 効果的である
statement: 陳述、言葉
disappear: なくなる、存在しなくなる
useful: 役に立つ
〜 such as ...: …のような〜
average: 平均すると〜になる
be regarded as 〜: 〜と見なされる
principal: 主要な

模擬試験　解答と解説

- 模試の受け方 ──── p. 42
- 解答と解説 ──── p. 44

模試の受け方

本書付属のCD-ROMにはミニ模試が収録されています。模試を受ける前にこのページで、注意事項を確認しておきましょう。

✚ 模試の問題数と所要時間

リスニング・セクション　　5問・2分40秒

リーディング・セクション　7問・8分50秒

計12問・11分30秒

・CD-ROMに収録されている模擬試験は、本番の試験と同様に、アダプティブテストになっています。解答の正誤・内容によって、次に出題される問題が決まります。1回の受験で、CD-ROMに収録されている問題がすべて出題されるわけではありません。

・模擬試験は何度でも受験できますが、前回の解答は残りません。

✚ 付属CD-ROMの動作環境

・OS：Windows 10/8.1/8/7/Vista/XP 日本語版
・CPU：インテル® Pentium®4 3GHz または同等以上のプロセッサ
・Adobe® Flash® Player9 の実行環境
・128MB以上のRAM
・64MB以上のVRAM

✚ 模擬試験の受け方

1 CD-ROMをパソコンのCD-ROMドライブに挿入してください。

2 オートプレイ画面が自動的に表示されます。

3 「Click here to start!」のボタンをクリックします。

オートプレイ画面

4 試験が始まると、問題の指示と操作方法を説明した右のような「各パートの説明画面」が表示されます。十分理解したら、右下の Start ボタンを押して試験を開始してください。

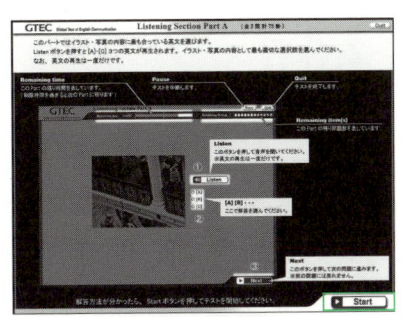

各パートの説明画面

5 すべての試験が終わると、右のような「試験結果画面」が表示されます。ここではあなたが答えた問題の番号とその正誤が示されます。各問題の「▶」のボタンをクリックすると、問題文、設問、音声、正解、自分の解答を確認することができます。

「Print」ボタンを押してこの画面をプリントアウト（A4 サイズ・横向き）するか、出題された問題番号をメモしてから、「解答と解説」（p. 44〜）を参照してください。

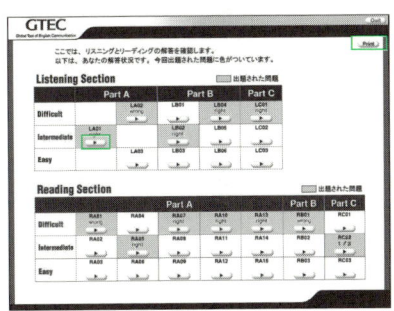

試験結果画面

6 画面右上の「Quit」ボタンを押すとテストが終了します。

> **注意**
> ・自分の選んだ答えは、「試験結果画面」の各問題の「▶」ボタン をクリックすると表示されます。
>
> ・出題されていない問題も「試験結果画面」の各問題の「▶」ボタンを押すと、見ることができます。
>
> ・テスト結果は CD-ROM に保存されません。「Quit」ボタンを押すと、試験結果が見られなくなってしまうので、注意しましょう。
>
> ・「試験結果画面」をプリントアウトするか、出題された問題番号をメモしてから、「解答と解説」（p. 44〜）を参照してください。

解答と解説

ここでは問題のスクリプト、訳、正解を掲載し、解説します。
※試験終了後に表示される「試験結果画面」で、問題番号を確認した上でご覧ください。

Listening Section Part A

LA01 Intermediate

◆ 問題

◇ 音声　[A] In this department store, all of the clothes are found on the top level.

[B] In this department store, most of the clothes are lying on the floor.

[C] In this department store, many of the clothes are displayed on racks.

◆ 訳　[A] このデパートでは、服のすべてが最上階にある。
[B] このデパートでは、服のほとんどが床に置かれている。
[C] このデパートでは、服の多くがラックに掛けられている。

◆ 正解　[C]

◆ 解説　「写真説明問題」では、不正解の選択肢には確実にその根拠がある。選択肢は3つしかないので、消去法でアプローチするのが有効だ。写真を見ると、服は最上階だけにあるわけではないので [A] は不正解。服は床に置かれていないので [B] も不可。よって正解は [C]。

◆ 語注

department store: デパート
clothes: 衣服
top: 一番上の
level: (建物の) 階

lie: (水平にして) 置かれている
display: 〜を陳列する
rack: ラック、〜掛け

LA02 Difficult

◆ 問題

◇ 音声　[A] The girl is sifting through the boxes of books on the pavement.
[B] The girl is picking up a box of books from the pavement.
[C] The girl is lifting the box of books off the pavement.

◆ 訳　[A] 少女は歩道に置かれた本の箱を調べている。
[B] 少女は歩道から本の箱を拾い上げている。
[C] 少女は歩道から本の箱を持ち上げている。

◆ 正解　[A]

◆ 解説　[A] の sift through ~ には「~をより分ける」や「~を調べる」などの意味がある。もし知らなくても、[B] の pick up ~（~を拾い上げる）と [C] の lift（~を持ち上げる）は、女性の動作として不適切だと分かるはず。動詞を注意して聞けば少なくとも消去法で正解を選べる。

◆ 語注

sift through ~: ~をより分ける、~を調べる
pavement: 舗装道路
lift ~ off ...: ~を…から持ち上げる

Listening Section Part A

LA03 Easy

◆ 問題

◇ 音声　[A] The woman is smiling after her graduation ceremony.
　　　　[B] The woman is holding a tray at the party.
　　　　[C] The woman is posing for her wedding photo.

◆ 訳　　[A] 女性は卒業式の後でほほ笑んでいる。
　　　　[B] 女性はパーティーでお盆を持っている。
　　　　[C] 女性は結婚式の写真のためにポーズを取っている。

◆ 正解　[A]

◆ 解説　通常、写真に人物が写っていれば「動作」がポイントになる場合が多い。[A] の「ほほ笑んでいる」は正解であり、卒業式であることも明白だ。[B] の tray（盆）は写真に写っていないし、[C] の wedding（結婚式）は明らかに間違っているので、各単語が聞き取れていれば消去可能。

◆ 語注
graduation ceremony: 卒業式
hold: ～を持っている
tray: 盆
pose: ポーズを取る

Listening Section Part B

LB01 Difficult

◆ 問題

◇ 音声　Did you finish the report?
　　　　[A] Yes, fishing is my favorite sport.
　　　　[B] Not yet, but I hope to after lunch.
　　　　[C] I'm sorry, but I've already finished lunch.

◆ 訳　　リポートは終わった？
　　　　[A] ええ、釣りは好きなスポーツです。
　　　　[B] まだだけど、昼ご飯の後には終わると思う。
　　　　[C] ごめん、昼ご飯はもう食べちゃった。

◆ 正解　[B]

◆ 解説　選択肢[A]の中のfishing（魚釣り）とsport（スポーツ）、さらに[C]のfinishedは、質問文にあるfinish（～を終える）やreport（リポート）に発音が似ており、問題作成者が誤答を誘うために意図的に入れたワナ。「リポートが終わったか」という質問に対して素直に応答している[B]が正解。

◆ 語注

favorite: お気に入りの、大好きな
yet: （否定文で）まだ、今のところは

hope to do: ～したいと思う。hope toの後にfinish the reportが省略されている

Listening Section Part B

LB02 Intermediate

◆ 問題

◇ 音声 Are you looking forward to your vacation?
[A] Thank you. You too!
[B] I had a wonderful trip.
[C] You bet. I can't wait.

・・・

◆ 訳 休暇が待ち遠しい?
[A] ありがとう。あなたもね!
[B] 素晴らしい旅行だったよ。
[C] もちろん。待ち切れないよ。

◆ 正解 [C]

◆ 解説 「待ち遠しいか」という質問に対して、いきなり「ありがとう」とは応答できないので [A] は不可。[B] は過去形なので不適切。Are you 〜? のような Yes か No で応答できる質問に対して、必ずしも応答が Yes または No で始まるとは限らない。正解 [C] のように、You bet.(もちろん)などで代用することが多い。

◆ 語注

look forward to 〜: 〜を楽しみに待つ
vacation: 休暇

You bet: もちろん。確かに。

LB03 Easy

◆ 問題

◇ 音声　Where do you want to go for lunch?
[A] It's up to you.
[B] Sometime after one.
[C] It was delicious.

◆ 訳　昼ご飯はどこへ行きたい？
[A] あなたに任せるよ。
[B] 1時過ぎたらね。
[C] おいしかった。

◆ 正解　[A]

◆ 解説　質問文に出てくるのと同じ（または似ている）単語が選択肢に登場していれば、その選択肢は不正解である可能性が高い。なぜなら、もしそれが正解なら、発言の意味を理解していなくても、聞き取れた単語だけを頼りに正解できてしまうからだ。[B] の one（1時）は質問文の want（〜したいと思う）と発音が似ており、誤答を誘うために出題者が意図的に入れた単語である。[C] は過去形なので明らかに不可。[A] が正解。

◆ 語注

go for lunch: ランチを食べに行く
up to 〜 : 〜次第で

delicious: とてもおいしい

Listening Section Part B

LB04 Difficult

◆ 問題

◇ 音声　How long does it take you to get to work?
　　　　[A] I usually walk to the office.
　　　　[B] I've worked there for about three years.
　　　　[C] An hour, give or take a few minutes.

◆ 訳　職場までどれくらいかかりますか。
　　　[A] 私はいつも職場まで歩きます。
　　　[B] そこで約3年働いています。
　　　[C] 1時間です。数分の誤差はありますが。

◆ 正解　[C]

◆ 解説　How long（どれくらい）は時間の長さや距離を尋ねる疑問詞。[A] は手段を尋ねる how（どのようにして）への応答になっているので、不可。[B] は時間的な長さに触れているが、働いた年数は質問に関係ない。仕事場に行くまでの所要時間を答えている [C] が正解。

◆ 語注
work: 職場
office: 職場、勤め先

give or take a few minutes: 数分の違いがあるかもしれないが

LB05 Intermediate

◆ 問題

◇ 音声　Why don't you join me for lunch?
　　　　[A] Because I'm going to join you.
　　　　[B] How nice! I'd be delighted.
　　　　[C] Why thank you! I'm sure he'd like it.

◆ 訳　　一緒にランチに行かない？
　　　　[A] 仲間に入ろうと思っていたので。
　　　　[B] いいね！　喜んで。
　　　　[C] ありがとう。彼はきっと気に入ると思う。

◆ 正解　[B]

◆ 解説　[A] の Because（なぜなら～だから）は理由を問う疑問詞 why（なぜ）に対応するが、Why don't you ～? は質問ではなく「～したらどうですか」という意味の提案表現。[C] は質問に関係ない「彼」が突然登場しているので不可。提案を素直に受け入れる [B] が正解。ほかに、Sounds good to me.（いいね）などが選択肢にあれば、正解になるだろう。

◆ 語注

Why don't you ～?: ～したらどうですか。
join: ～に加わる
delighted: 喜んで

why: まあ、おや
sure: ～を確信している、きっと～する

Listening Section Part B

LB06 Easy

◆ 問題

◇ 音声　What time do you expect him to return?
　　　　[A] I'm not sure. Maybe you should leave a message.
　　　　[B] No, he didn't return the document.
　　　　[C] I'm expecting a package this afternoon.

◆ 訳　彼は何時に戻ってくると思う?
　　　[A] 分からないな。伝言残しておいた方がいいかもしれないよ。
　　　[B] いいえ、彼はその書類を返していません。
　　　[C] 今日の午後小包が届くはずなんだ。

◆ 正解　[A]

◆ 解説　What time(何時に)で始まる質問に、Yes または No では応答できないため、[B] は不可。No 以下を聞かなくても消去できる。[C] には時刻を示唆する this afternoon(今日の午後)が入っているが、package(小包)は質問内容に無関係なので正解にはならない。「分かりません」と応答している [A] が正解。

◆ 語注

expect ~ to do: ~が…するだろうと思う
leave a message: 伝言を残す
document: 文書、書類
expect: ~が来るのを待つ
package: 小包

Listening Section Part C

LC01 Difficult

◆ 問題

◇ 音声

M: I need to send this letter out today. Do you know where the nearest post office is?

F: Yeah, there's one beside the BankOne Office Tower.

M: The BankOne Office Tower? Is that the large, glass building with the one-hour photo shop in the basement?

F: No, that's the Global Industries Building. The BankOne Office Tower is the tall, grey building that's across from the City Gallery.

M: Oh yeah! What's the best way to get there from here?

F: You should take a taxi. Go out of the exit, and there's a taxi stand on the left.

◇ 設問

● Where should he go to send the letter?

[A] To the post office in the basement of the BankOne Office Tower.

[B] To the post office that is right next to the tall grey building.

[C] To the post office in the large, glass building across from the City Gallery.

[D] To the post office which is just to the left of the Global Industries Building.

Listening Section Part C

LC01

◆ 訳

男性：この手紙、今日出さないといけないんだけど、一番近い郵便局がどこか知ってる？
女性：それならバンクワン・オフィスタワーの隣にあるわよ。
男性：バンクワン・オフィスタワー？　それって大きくてガラス張りの、地下に1時間フォトが入っているビルのこと？
女性：いいえ、それはグローバル・インダストリーズ・ビル。バンクワン・オフィスタワーは高くて、灰色の、シティーギャラリーの向かいのビルよ。
男性：ああ、そうか！　ここからどう行くのが一番いいかな。
女性：タクシーを使うのがいいわ。出口を出ると、タクシー乗り場が左にあるわよ。

● 男性は手紙を出すためにどこへ行くといいですか。

[A]　バンクワン・オフィスタワーの地下にある郵便局へ。
[B]　高い灰色のビルのすぐ隣にある郵便局へ。
[C]　シティーギャラリーの向かいにある大きくてガラス張りのビルの中にある郵便局へ。
[D]　グローバル・インダストリーズ・ビルの左隣にある郵便局へ。

◆ 正解　　[B]

◆ 解説

このパートでは、音声を聞く前に設問を読み、どのような情報に注意を払う必要があるかを確認すると取り組みやすい。選択肢を見れば、郵便局の具体的な場所が問われていることが分かる。建物名や位置関係を示す単語が多く登場しているので注意深く聞く必要がある。女性が最初に beside the BankOne Office Tower（バンクワン・オフィスタワーの隣にある）と答えているので、バンクワン・オフィスタワーの場所がヒント。2回目の発言で女性は tall, grey building that's across from the City Gallery（高くて、灰色の、シティーギャラリーの向かいのビル）と説明しているので、[B] が正解。beside（～の隣に）が right next to（すぐ隣）と言い換えられている。

◆ 語注

[音声]
nearest: near（近い）の最上級
post office: 郵便局
beside: ～のそばに、～の隣に
glass: ガラス製の
one-hour: 1時間の

basement: 地階、地下室
grey: 灰色の（gray ともつづる）
across from ～: ～の向こう側に
exit: 出口
taxi stand: タクシー乗り場

Listening Section Part C

LC02 Intermediate

◆ 問題

◇ 音声

We will soon be stopping at Ayers Station. Due to platform construction, only doors of cars 1 through 5 will open. Passengers in cars 6, 7, and 8 getting off at this station should make their way to the front now. Please have bags and other personal items ready before we arrive, as we will only be making a brief stop.

◇ 設問

● **What should passengers getting off at Ayers Station do?**

[A] Move in front of the train.
[B] Work their way to cars 6, 7, or 8.
[C] Gather in cars 1-5.
[D] Leave personal items on the platform.

◆ 訳

この列車は間もなくエアーズ駅に停車します。プラットホームの建設のため、1号車から5号車のドアだけが開きます。この駅で下車する6、7、8号車のお客さまは、今すぐ前方に移動してください。停車時間が短いので、到着する前にかばんやそのほかの手回り品のご用意をしてください。

● エアーズ駅で降りる乗客は何をするべきですか。

[A] 列車の正面に移動する。
[B] 6、7、8号車に行く。
[C] 1〜5号車に集まる。
[D] 手回り品をプラットホームに置いていく。

Listening Section Part C

LC02

◆ 正解　　[C]

◆ 解説

設問は「エアーズ駅で降りる乗客が何をすべきか」を尋ねている。アナウンスの前半で状況が説明されており、「1～5号車のドアだけが開く」と言われている。中盤で6～8号車にいる客に対して should make their way to the front now（今すぐ前方に移動するように）と呼び掛けている。すべての下車する客（passengers ... getting off）は1～5号車に移動しなければ降りることができないので [C] が正解。[A] は電車の前方部ではなく、電車の前を指すので不適切。[B] は1～5号車ではなく、6～8号車に向かうという内容なので、不適切。[D] の内容は述べられていないので不可。

◆ 語注

[音声]
due to ~ : ～のために
construction: 建設
passenger: 乗客
get off: (乗り物から) 降りる
make ~ 's way: (苦労して) 進む
front: 前方
have ~ ready: ～を用意する

personal items: 手回り品、私物
make a stop: 停車する
brief: 短時間の

[設問]
in front of ~ : ～の正面に
work ~ 's way: 苦労して進む
gather: 集まる
leave: ～を置いていく

LC03 Easy

◆ **問題**

◇ 音声

M: Would you like to go to dinner this Sunday?
F: I wish I could. But my parents will be in town. And I'm going to have dinner with them. How about Thursday or Friday?
M: Friday would be great!
F: That's good for me, too. Since Saturday is when my parents arrive. See you then.

◇ 設問

● **When are the man and woman going to go to dinner together?**

[A] Thursday.
[B] Friday.
[C] Saturday.
[D] Sunday.

Listening Section Part C

LC03

◆ 訳

男性：今週の日曜日に食事に行かない？
女性：行けたらいいんだけど、両親が町に来るの。それで一緒に食事をするのよ。
　　　木曜日か金曜日はどう？
男性：金曜日はいいね！
女性：私もいいわ。土曜日は両親が到着する日だから。じゃあね。

● 男性と女性が一緒に食事に出掛けるのはいつですか。

[A] 木曜日。
[B] 金曜日。
[C] 土曜日。
[D] 日曜日。

◆ 正解　[B]

◆ 解説

選択肢に曜日が並んでいるので、会話には複数の曜日が登場すると考えられる。聞き取るべき最も重要な情報は「食事に行く日」だ。最初に男性が Sunday（日曜日）を提案しているが、女性は I wish I could.（行けたらいいんだけど）と答えている。これは相手の提案を遠回しに断る表現だ。女性は「日曜日に両親と一緒に食事をする」と言っているので [D] は不可。代わりに [A] の Thursday（木曜日）と [B] の Friday（金曜日）が提案され、男性は Friday を選んでいる。女性も That's good for me.（私もいいわ）と応じているため [B] が正解。最後に女性は「土曜日は両親が到着する日」と言っているので [C] も不正解。

◆ 語注

[音声]
Would you like to ~?: ～しませんか。
go to dinner: 食事に出掛ける
be in town: 町にいる

have dinner with ~: ～と食事をする
How about ~?: ～はどうですか。
See you then.: じゃあね。じゃあ、その時にね。

Reading Section Part A

RA01 Difficult

■ 問題

● He won't get to New York in time for the meeting _____ the fog suddenly lifts.

[A] because
[B] fortunately
[C] unless
[D] in spite of

....

■ 訳　　その霧が突然晴れない限り、彼は会議に間に合うようニューヨークに着けないだろう。

■ 正解　[C]

■ 解説　空所の前後に、主語と動詞を含む節があるので、空所には接続詞が必要。[B] の fortunately（幸運にも）は副詞なので不可。[D] は「〜にもかかわらず」を意味し、後ろには名詞（名詞句）が続くはずなので不可。「霧が晴れる」と「会議に間に合わない」を論理的につなぐのは、[C] の unless（〜でない限り）しかない。

■ 語注

[問題文]
in time for 〜：〜に間に合って
fog: 霧
lift:（霧などが）晴れる

[選択肢]
fortunately: 幸いにも、運よく
unless: 〜でない限り
in spite of 〜：〜にもかかわらず

RA02 Intermediate

問題

● _____ looking for nearly three months, Victor still hasn't found a decent job yet.

[A] Despite
[B] Unlucky
[C] Because of
[D] Unless

訳

3カ月近く探しているにもかかわらず、ビクターはまだちゃんとした仕事を見つけられないでいる。

正解 [A]

解説

カンマ前後の節と句を読んで論理的な関係を考える必要がある。カンマの前は「3カ月探している」後ろは「ビクターはまだちゃんとした仕事を見つけられないでいる」の意味。正解は「～にもかかわらず」を意味する [A] となる。Despite は前置詞なので名詞（名詞句）が続く。空所後に主語と動詞があれば、Although（～にもかかわらず）のような接続詞が正解になるので、覚えておこう。

語注

[問題文]
decent: まともな、適正な
[選択肢]
despite: ～にもかかわらず

unlucky: 運が悪い
because of ～: ～の理由で

Reading Section Part A

RA03 Easy

■ 問題

● He looked and looked for his glasses, but he couldn't find them _____ .

　　[A] everywhere
　　[B] somewhere
　　[C] nowhere
　　[D] anywhere

....

■ 訳　　彼は眼鏡を捜しに捜したが、どこにも見つけることができなかった。

■ 正解　　[D]

■ 解説　　but（しかし）以下が否定形になっているので [D] の anywhere（どこにも）が正解。everywhere と somewhere は肯定形で使われ、それぞれ「至る所で」「どこかで」を意味する。nowhere（どこにも～ない）は、肯定文 he could found them nowhere（どこにも見つけられなかった）なら正解となる。

■ 語注

[問題文]
look for ～：～を捜す
glasses: 眼鏡

[選択肢]
everywhere: 至る所で
somewhere:（肯定文で）どこかで
nowhere: どこにも～ない
anywhere:（否定文で）どこにも、（疑問文で）どこかで

RA04 Difficult

問題

● It's the most _____ thing that I've ever tried in my entire life.

[A] harder
[B] difficulty
[C] challenging
[D] hardly

訳

それは私の生涯でこれまでに挑戦した中で、最もやりがいのあることです。

正解　[C]

解説

空所の前に the most があり、後ろに名詞 thing（こと）が続く。よって、空所には形容詞が入り、最上級になるはず。[A] は比較級、[B] は名詞、[D] は副詞なので不可。[C] は動詞に見えるが「興味深い、やりがいのある」を意味する形容詞なので正解。

語注

[問題文]
entire: 全部の
[選択肢]
difficulty: 難しさ

challenging: 興味をそそる、やりがいのある
hardly: ほとんど～ない

Reading Section Part A

RA05 Intermediate

■ 問題

● **Even though Samuel worked _____ all day long, he couldn't finish everything that he was expected to do.**

[A] easier
[B] good
[C] hard
[D] easily

■ 訳
一日中猛烈に働いたというのに、サミュエルは終えるはずのことをすべて終えることはできなかった。

■ 正解　[C]

■ 解説
Samuel worked という行為（動詞）を修飾できるのは副詞。[A] と [B] は形容詞なので不可。Even though は「～なのに」を意味するので、カンマ後の部分を併せて考えると [C] の副詞 hard（猛烈に）が正解。なお、「めったに～しない」を意味する hardly という副詞もある。

■ 語注

[問題文]
even though: ～であるけれども
all day long: 一日中

[選択肢]
easily: 容易に

RA06 Easy

■ 問題

● It was _____ an interesting movie that Susan decided to see it for a second time.

[A] so
[B] such
[C] very
[D] really

....

■ 訳　　それは非常に面白い映画だったので、スーザンは再度見ようと決めた。

■ 正解　[B]

■ 解説　空所の後ろにある that がヒントで [B] の such が正解。such ~ that ...（とても~なので…）は「原因と結果」を表し、~には名詞が入る。[A] の so は The movie was so interesting that ~（その映画は非常に面白かったので~）というように、空所の後ろが形容詞なら正解になる。なお、second が「2番目の」を意味するときは the が付く。

■ 語注

[問題文]
for a second time: 2回目に

such ~ that ...: とても~なので…

Reading Section Part A

RA07 Difficult

■ 問題

● I came to you because I didn't know _____ else to turn to.

[A] when
[B] who
[C] why
[D] how

■ 訳　　ほかの誰に聞けばいいか分からなかったので、あなたを訪ねました。

■ 正解　　[B]

■ 解説　　空所の後にある turn to の意味上の主語は I なので、I turn to の後に何が続くべきなのかを考える。前半で I came to you とあり、「あなた」という人を選んだことが分かる。turn to の後には人を表す who（誰）が来て「ほかの誰に聞けばいいか分からなかった」となる。

■ 語注

[問題文]
turn to ~：~に問い合わせる。ここでは ~ に当たる部分が、who else になる

else: そのほかに

RA08 Intermediate

◼ 問題

● **Worried that he would miss the last train, Mike left the party before he _____ really wanted to.**

[A] had
[B] has
[C] will
[D] could

◼ 訳　　終電に乗り遅れることが心配で、マイクは実際に出たかった時間より前にパーティーを出た。

◼ 正解　　[A]

◼ 解説　　選択肢を見れば、主に時制が問われていることが分かる。マイクがパーティーを去った時刻は、希望よりも早かったことが述べられている。希望していたのは、パーティーに参加した時点より前のことなので、空所には過去完了形の had が入り、「出たかった」となる。空所の後ろの動詞は wanted と原形ではないので、助動詞 [C] と [D] は不可。

◼ 語注

[問題文]
worried: 心配した。ここは **(Being) Worried 〜** という形の分詞構文で、**being** が省略されている

last train: 最終電車

Reading Section Part A

RA09 Easy

■ 問題

● If I _____ the Prime Minister, I would focus on improving the quality of healthcare for everyone.

[A] are
[B] were
[C] wish
[D] am

■ 訳

もし私が首相だったら、国民すべてに対する保険医療の質の向上に焦点を当てるだろう。

■ 正解　[B]

■ 解説

仮定法の問題。カンマの後ろで would が使われているので、空所には動詞の過去形が入る。[B] の were が正解。通常、主語の I に対応する be 動詞は was だが、実現可能性が低いことを仮定する場合は were が使われる。ほかの選択肢は現在形なので不可。

■ 語注

[問題文]
Prime Minister: 首相、総理大臣
focus on ～：～に焦点を合わせる、～に注意を集中する
improve: ～を改善する、～を向上させる
quality: 質
healthcare: 保健医療、健康管理

RA10 Difficult

■ 問題

● After getting a flat tire on the way to the interview, she was convinced that things couldn't get any _____ .

[A] badly
[B] well
[C] good
[D] worse

....

■ 訳　　面接に行く途中にタイヤがパンクし、彼女は、これ以上の悪いことは起きないと確信した。

■ 正解　[D]

■ 解説　選択肢には「良いこと」「悪いこと」を示唆する単語が並んでいる。前半の a flat tire は「タイヤのパンク」のこと。通常、パンクは「悪いこと」だ。後半は「これ以上の悪いことは起きないと思った」となると自然なので、bad の比較級である [D] の worse が正解。

■ 語注

［問題文］
flat tire: パンクしたタイヤ
interview:（就職などの）面接
be convinced that ～: ～と確信している

［選択肢］
badly: まずく、下手に
worse: より悪い（bad の比較級）

Reading Section Part A

RA11 Intermediate

■ 問題

● I would _____ graduated in four years, if I hadn't taken a year off to travel around Europe.

[A] like to
[B] be
[C] plan to
[D] have

■ 訳　　ヨーロッパ周遊旅行をするために1年間休まなければ、4年で卒業できただろう。

■ 正解　[D]

■ 解説　空所に続く動詞は、graduated と -ed が付いた形なので、後ろに原形が来る [A] と [C] はすぐに消去できる。また、graduate は「卒業する」の意味なので、主語が I なら受身形にする必要はない。よって、[B] も不可。したがって、[D] の have が正解。

■ 語注

[問題文]
graduate: 卒業する
take a year off: 1年休暇を取る

[選択肢]
plan: 〜の計画を立てる。plan to do で「〜するつもりである」

RA12 Easy

問題

● By the time Michael returned from his trip, nearly all of the renovations had _____ completed in his office.

[A] been
[B] already
[C] to
[D] still

訳

マイケルが旅行から戻ってくるまでに、オフィスの修繕はほぼすべて終わっていた。

正解　[A]

解説

ポイントは complete が「〜を完成させる」という他動詞であること。complete の主語は「修繕のほぼすべて」なので受身形となり、[A] が正解。completed は原形ではないので [C] も不可。[D] の still（まだ）は文意に合わない。

語注

[問題文]
by the time 〜：〜する時までには
nearly: ほとんど

renovation: 修繕
complete: 〜を完成させる、〜を終える

Reading Section Part A

RA13 Difficult

■ 問題

● I'm afraid that by the time I get back, everyone will _____ left for the weekend.

   [A] not
   [B] been
   [C] just
   [D] have

■ 訳　　私が戻ってくるまでに、みんな週末を楽しみに出掛けてしまっているのではないかと不安だ。

■ 正解　[D]

■ 解説　文の前半にある by the time I get back（私が戻ってくるまでに）は、今と比べて未来のことを指している。その時点から見て完了形を示す [D] の have が正解。空所後の動詞 leave（出発する）が完了形の left になっており、適切であることが分かる。ほかの選択肢の not、been、just を入れると will の後に原形動詞がなくなるので、すべて不可。

■ 語注

[問題文]
afraid: 恐れて、心配して

get back: 戻る
leave for ～：～に向かって出発する

RA14 Intermediate

問題

● She _____ received twenty replies to her advertisement so far this week.

[A] could
[B] will
[C] has
[D] may

訳

彼女の出した広告に対して今週までに 20 件の反響があった。

正解 [C]

解説

空所に続く動詞が原形ではなく received となっている。選択肢にある could、will、may の後には必ず原形の動詞が来るので、これらは不可。[C] の has が現在完了形なので正解。文を最後まで読む必要は全然なく、選択肢と空所の前後だけを読めば 5 秒以内に解ける問題。

語注

[問題文]
receive: 〜を受け取る
reply: 返事

advertisement: 広告
so far: 今までのところでは

Reading Section Part A

RA15 Easy

■ 問題

● The world just isn't as _____ as it used to be when I was growing up.

[A] safely
[B] safety
[C] safe
[D] safer

■ 訳
世の中は私の成長過程で安全だったほど、安全ではない。

■ 正解　[C]

■ 解説
as ～ as の ～ には副詞または形容詞の原級が入る。よって、名詞の [B] safety と比較級の [D] safer は不適切。ここでは世の中の「状態」が描写されているので、形容詞が必要。もし副詞の [A] を入れると、その副詞が修飾するものがない。したがって [C] の safe（安全な）が正解。

■ 語注

[問題文]
not as ～ as it used to be: 以前ほど～でない
grow up: 成長する、大人になる

[選択肢]
safely: 安全に
safety: 安全
safe: 安全な

Reading Section Part B

RB01 Difficult

■ 問題

Dear Mr. Myers,

Thank you for responding to my email so promptly. Since you'll be in Chicago for only a few hours, I think it would be a good idea to meet at the airport, rather than at our downtown office. The traffic in downtown Chicago can sometimes be a nightmare! If you could just forward your flight details to me, I'd be happy to get started making the arrangements for the meeting.

Chicago has a lot to offer in terms of restaurants. There is a great Chinese restaurant in the Windy City Hotel, which I highly recommend. It's just a five-minute drive from the airport. Let me know if this interests you. Whatever you decide, just leave it to me.

Tom Green
Exotic Enterprises

● **What should Tom Green do next?**

  [A] Finish making all of the arrangements for Mr. Myers' business trip to Chicago.
  [B] Take a taxi to the airport and wait for Mr. Myers' flight to arrive.
  [C] Make dinner reservations for the restaurant in the Windy City Hotel.
  [D] Wait for Mr. Myers to reply with the necessary information.

Reading Section Part B

RB01

■ 訳

マイヤーズさま

私のEメールに対する迅速なお返事、ありがとうございます。シカゴには数時間しか滞在されないので、中心街にある弊社でよりも、空港でお目に掛かるのがよろしいかと思います。シカゴの中心街の交通事情は時として悪夢としか思えませんので！ フライトの詳細をお送りいただければ、喜んで会合の手配を開始いたします。

シカゴはレストランに関しては数多くのご提案ができるところです。ウィンディ・シティー・ホテルには素晴らしい中華料理店があり、私はここを強くお薦めします。空港から車で5分です。ご興味があるようでしたらお知らせください。貴殿がなさろうと決めたことは、何でも私にご用命ください。

エキゾチック・エンタープライズ
トム・グリーン

● トム・グリーンは次に何をするべきですか。

[A] マイヤーズ氏のシカゴ出張の手配をすべて終えること。
[B] タクシーで空港へ向かい、マイヤーズ氏の乗ったフライトの到着を待つこと。
[C] ウィンディ・シティー・ホテルのレストランのディナーを予約すること。
[D] マイヤーズ氏が必要な情報を返信するのを待つこと。

正解 [D]

解説 グリーン氏はこの手紙を書いている人なので、彼自身が次に何をするかは「自分が何をするか」または「相手に何を求めているか」を表す表現を探せば判明するはず。選択肢には、手紙に登場する Chicago（シカゴ）や flight（フライト）、そして Windy City Hotel（ウィンディ・シティー・ホテル）などの単語がちりばめられているが、最後から２文目の Let me know（知らせてください）以下から、結局は「マイヤーズ氏からの返事を待つこと」が彼の次の行動。[D] が正解。

語注

[長文]
respond to ~：~に返事をする
promptly: 敏速に、即座に
~ rather than …:…よりもむしろ~
downtown: 町の中心部の、商業地区の
traffic: 交通（量）
nightmare: 悪夢、悪夢のような状態
forward: ~を送る
flight: 定期航空便、フライト
detail: 詳細
I'd be happy to do: 喜んで~する
get started ~：~を始める
make arrangements for ~：~の準備・手配をする
offer: ~を提供する

in terms of ~：~に関して、~の点から
highly: 非常に
recommend: ~を推薦する
five-minute drive: 車で５分の道のり
let me know: 知らせる
interest: ~に興味を持たせる
whatever: どんな物を~しようとも
leave ~ to …: …に~を任せる

[設問]
business trip: 出張
wait for ~ to do: ~が…するのを待つ
make reservations: 予約をする
reply: 返事をする
necessary: 必要な
information: 情報

Reading Section Part B

RB02 Intermediate

■ 問題

Dear Robert,

I was sorry to hear that you are sick with the flu and had to cancel your trip to New Orleans. I know how much you were looking forward to that. Well, I have some good news that I hope will make you feel a little better. Do you remember how I used to talk about staying in a ski cabin in the mountains? Well, Jen and I are finally going to do it. We've reserved a cabin in the San Jacinto Mountains for the last week of January, and we'd love for you and Mary to join us. If you're interested and can take time off from work that week, please let me know as soon as possible. It's already mid-December, and we really want to finish planning the trip before the holidays. I can't tell you how much we are looking forward to spending seven whole days in the mountains. It's been such a long time since we could get away from it all. It should be a lot of fun, and I really hope you can make it!

Take care of yourself,
Trevor

● Trevor wants Robert to _____.

    [A] explain why he didn't go on his trip
    [B] say if he can go on a skiing trip
    [C] help him decide where to rent a cabin
    [D] look at a cabin he built in the mountains

訳

ロバート君

君がインフルエンザにかかって、ニューオーリンズ旅行をキャンセルしなければならなかったと聞いて、残念です。君がどんなに旅行を楽しみにしていたか、知っています。それで、いい知らせがあるので、君の気分が少しよくなるといいのですが。僕が山のスキー小屋での滞在についてどんなふうに話していたか覚えていますか。それで、ジェンと僕はついに実行に移すつもりです。僕たちはサンジャシント山の山小屋を1月の最終週の間予約したので、君とメアリーにも来てほしいのです。もし興味があって、その週に仕事を休めるなら、できるだけ早く知らせてください。もう12月半ばで、祝日の前に旅行の計画を立ててしまいたいのです。僕たちは山で7日間丸ごと過ごすのを、とても楽しみにしています。僕たちが羽を伸ばせるのは久しぶりです。とても楽しいと思うし、君たちが来てくれればと思います！

お体に気を付けて。
トレバー

● トレバーはロバートに

[A] 彼がなぜ旅行に行かなかったかを説明してほしい。
[B] 彼がスキー旅行に行けるかどうかを教えてほしい。
[C] 彼がどこで山小屋を借りるかを決めるのを手伝ってほしい。
[D] 彼が山に建てた小屋を見てほしい。

Reading Section Part B

RB02

■ 正解 [B]

■ 解説　まず、設問から、Trevor が Robert に何かをしてほしいことが分かる。相手に何かを依頼したり、お願いしたりする表現を探しながら英文を読もう。中盤にある we'd love for you and Mary to join us（君とメアリーにも来てほしい）が、Robert に対する希望を示している。join us の内容はその前に述べられている。Trevor と Jen が cabin（山小屋）を予約したことだ。その前にも、staying in a ski cabin in the mountains（山のスキー小屋での滞在）という表現がある。そして、If you're interested（もし興味があって）に続いて please let me know as soon as possible（できるだけ早く知らせてください）とあるので、これらを合わせて考えると [B] が正解。ほかの選択肢は Trevor が Robert に求めている内容ではない。

■ 語注

[長文]
be sorry to do: ～することを残念に思う
be sick with ～: ～で具合が悪い
flu: インフルエンザ
cancel: ～を取り消す
New Orleans: ニューオーリンズ（米国ルイジアナ州にある市）
look forward to ～: ～を楽しみに待つ
make you feel a little better: あなたを少し気分よくする。make ～ ... で「～を…にする」、feel a little better で「気分が少し晴れる」
used to do: よく～したものだ
stay in ～: ～に滞在する
cabin: (丸太)小屋
San Jacinto Mountains: サンジャシント山脈（アメリカのカリフォルニア州南部にある山脈）

we'd love for ～ to do: ～に…してほしい
take time off: 休みを取る
as soon as possible: できるだけ早く
mid-: 真ん中の
plan: ～の計画を立てる
holiday: 祝日、休日
whole: ～中、まる～
it's been such a long time since ～: ～してからとても長い時間がたっている
get away from it all: (仕事などを忘れて)旅行・休暇に出掛ける
a lot of fun: とても楽しいこと
make it: 来る
Take care of yourself.: お体をお大事に。

[設問]
rent: ～を賃借りする

RB03 Easy

● 問題

Dear Will,

How are you doing? I'm writing to tell you that I've accepted the job offer in Chicago. I'm moving there next week. Can you do me a favor? Could you help me find an apartment? I need something with a rent of about $500 a month. I know that's low for Chicago, but I can't afford to pay anything more right now! It has to be in the city and close to downtown, as I'd like to be in the center of things. Could you please try to find something for me? I'll call you about this tomorrow. By the way, how is Amy doing? It will be great to live in the same city again. I can't believe it's been five years since we were in college together. It will be great to see your new house, too!

Joe

● **What does Joe want Will to do?**

[A] Look for a cheap car that he can use.
[B] Let him stay in his new house for a while.
[C] Find a cheap apartment for him.
[D] Help him get a good job in Chicago.

Reading Section Part B

RB03

■ 訳

> ウィル君
>
> お元気ですか。僕がシカゴでの仕事を引き受けたことをお知らせしたくて連絡しました。僕は来週そちらに引っ越します。お願いがあるのですが。アパートを見つけるのを手伝っていただけますか。月500ドルぐらいの家賃のアパートが必要です。シカゴにしては安いのは分かっていますが、今はこれ以上支払う余裕がありません！　僕は活気のある所にいたいので、アパートは市内で、都心の近くにしてください。探してみていただけますか。この件については、明日お電話します。ところで、エイミーはどうしていますか。また同じ都市で暮らせるのは、最高です。僕たちが大学で一緒だったころから5年もたっているなんて、信じられません。君の新しい家を見られるのも楽しみです！
>
> ジョー

● ジョーはウィルに何をしてほしいのですか。

[A] 彼が使える安い車を探す。
[B] 新居に彼をしばらく泊まらせる。
[C] 彼に安いアパートを見つける。
[D] 彼がシカゴでいい仕事を見つけるのを手伝う。

- **正解**　[C]

- **解説**　設問は Joe が Will にしてほしいことを尋ねている。文章の前半に Can you do me a favor?（お願いがあるのですが）という「依頼表現」があるので、その後を注意深く読もう。直後に Could you help me find an apartment?（アパートを見つけるのを手伝っていただけますか）とあり、さらに Joe は月 500 ドル程度の部屋を希望していることが述べられている。500 ドルはシカゴにしては安めであるとも書かれているので [C] が正解。車は無関係なので [A] は不可。[B] については書かれていない。冒頭に、Joe がシカゴで仕事を見つけたと記載されているので [D] も不適切。

- **語注**

[長文]
How are you doing?: お元気ですか。調子はどう？
accept: （申し出など）を受諾する、引き受ける
job offer: 仕事の申し出、仕事の口
Chicago: シカゴ（イリノイ州にある、米国第 3 の都市）
Can you do me a favor?: お願いがあるのですが。
Could you ~?: 〜していただけますか。
rent: 賃貸料
a month: 1 カ月につき

low: （数量などが）低い
afford to do: 〜する（時間的・経済的）余裕がある
close to ~: 〜にごく近い
downtown: 町の中心街、都心部
try to do: 〜しようと試みる
by the way: ところで
it's been ~ since …: …してから〜になる

[設問]
cheap: 安い
for a while: しばらく

Reading Section Part C
RC01 Difficult

■ 問題

You are reading a passage about fungi.

Fungi are plants which include mushrooms and molds. There are over 100,000 species of fungi on earth. Fungi are often destructive to nature in that they can decay and spoil fruit, vegetables and grains, as well as wood and other organic matter. However, because they can also produce useful substances in their decaying processes, such as antibiotic penicillin, fungi have been used in some areas of industry and pharmacy to produce various useful products.

What are the key characteristics of fungi? All fungi share one striking characteristic; they do not possess chlorophyll, which is necessary for photosynthesis. Because they are unable to create their own carbohydrates through photosynthesis, fungi derive their food supply from dead decaying organic matter, or they are parasitic on other living organisms, that is, they live on other creatures and get their necessary nutrition from them. However, out of the 100,000 species of fungi which exist, only about 100 of these are harmful to plants and animals.

Another interesting feature of fungi is found in the walls of their cells. Unlike the walls of plant cells, which are made of cellulose, cell walls of fungi are made of a polymer called chitin, the same substance that makes up the outer skeletons of shrimps and insects. This is especially important because it allows the fungus to produce the enzymes that help it attack other organic matter without hurting itself. These enzymes allow the fungus to destroy organic matter and destroy cellulose.

Fungi are divided into four groups: zygomycota, ascomycota, basidiomycota, and deuteromycota. Common examples of zygomycota are bread molds. Most of these fungi feed on rotting organic matter and some are parasitic of plants or animals. Ascomycota make up about 75% of all fungi. They include yeasts, the mold that creates antibiotic penicillin, and a fungus that grows on humans. Some examples of basidiomycota include mushrooms and some microscopic fungi that cause some diseases in plants. Deuteromycota have a powdery appearance and include all fungi that do not fit into the other three categories.

● 1. Which of the following statements is NOT true of fungi?

[A] Most of them are harmless to humans.

[B] Some of them produce useful substances.

[C] Their cell walls are made of cellulose.

[D] The fungus family includes yeasts and mushrooms.

● 2. What can be inferred about fungi from the passage about carbohydrates?

[A] They produce carbohydrates through photosynthesis.

[B] They use carbohydrates to create chlorophyll.

[C] They don't need any carbohydrates to survive.

[D] They get their carbohydrates from other creatures.

● 3. What do the cell walls of fungi do?

[A] Grow into shells like those of shrimps and insects.

[B] Produce enzymes to attack other creatures.

[C] Protect them from the enzymes they produce.

[D] Help to destroy a polymer called chitin.

Reading Section Part C

RC01

■ 訳

あなたは菌類に関するパッセージ（文章）を読んでいます。

菌類はキノコやカビのような植物です。地球には10万を超える種の菌類があります。菌類は木材やそのほかの有機物だけでなく、果物や野菜、穀物も腐敗させ、駄目にすることがあるので、しばしば自然に有害です。しかしながら、腐敗の過程で抗生物質ペニシリンといった有益な物質を作ることもできるので、菌類はさまざまな有益な製品を作るために、製造業や製薬のいくつかの分野で使用されています。

菌類の主な特徴は何でしょうか。すべての菌類には共通の1つの際立った特徴があります。光合成に必要な葉緑素を持っていないということです。菌類は光合成を通してそれ自身の炭水化物を作ることができないので、死んで腐りかけの有機物から食料を得るか、ほかの生命体に寄生します。すなわち、菌類はほかの生物を食べて生き、そこから必要な栄養を手に入れます。しかしながら、存在する10万種の菌類のうち、約100だけが植物や動物に有害です。

菌類のもう一つの面白い特徴は細胞壁にあります。セルロースで作られている植物の細胞壁と違って、菌類の細胞壁はキチン質と呼ばれるポリマー、すなわちエビや昆虫の外骨格を作っているのと同じ物質で作られています。そのおかげで、菌類は自分自身を傷つけずにほかの有機物を攻撃するのに役立つ酵素を作ることができるので、これは特に重要です。これらの酵素のおかげで、菌類は有機物を破壊し、セルロースを破壊することができるのです。

菌類は4つのグループに分けられます。接合菌類、子嚢（しのう）菌類、担子菌類、不完全菌類です。接合菌類の一般的な例はパンカビです。これらの菌類のほとんどは腐りかけの有機物を食べて育ち、中には植物や動物に寄生するものもあります。子嚢菌類はすべての菌類の約75パーセントに当たります。これにはイーストや、抗生物質ペニシリンを作るカビ、人に生える菌が含まれます。担子菌類の例にはキノコや植物の病気を引き起こす微細な菌があります。不完全菌類は粉状の外見をしていて、ほかの3つのカテゴリーに当てはまらないすべての菌が含まれます。

● **1.** 以下の文のうち菌類に当てはまらないものはどれですか。

[A] そのほとんどは人間には無害である。
[B] 有益な物質を作るものがある。
[C] 細胞壁はセルロースで作られている。
[D] 菌類にはイーストやキノコがある。

● **2.** 炭水化物についてのパッセージから、菌類について推測できることは何ですか。

[A] 光合成を通して炭水化物を作る。
[B] 葉緑素を作るために炭水化物を使う。
[C] 生存するために炭水化物は必要ではない。
[D] ほかの生物から炭水化物を手に入れる。

● **3.** 菌類の細胞壁は何をしますか。

[A] エビや虫のような殻になる。
[B] ほかの生物を攻撃するための酵素を作る。
[C] 作った酵素から自分を守る。
[D] キチン質と呼ばれるポリマーを破壊するのに役に立つ。

Reading Section Part C

RC01

正解 1. [C] 2. [D] 3. [C]

解説

● 1.

設問が ... is NOT true of fungi?（菌類に当てはまらない）となっているので、選択肢のうち 3 つは fungi（菌類）に関する正しい記述になる。消去法で各選択肢の正誤を判定しよう。[A] は第 2 段落の後半にある However, ... 以降に関係している。10 万種のうち only about 100 ... are harmful to plants and animals（約 100 だけが植物や動物に有害です）とあるので、[A] は正しい。[B] の関連情報は第 1 段落の後半にある。they can also produce useful substances（有益な物質を作ることもできる）という部分から、正しいと分かる。[C] の cell walls（細胞壁）や cellulose（セルロース）は第 3 段落にある。Unlike で始まる文が、「cellulose ではなく polymer（ポリマー）が fungi の細胞壁だ」と述べているので、[C] は間違った記述。よってこれが正解となる。[D] は第 4 段落から正しい記述と分かる。

● 2.

設問にある carbohydrates（炭水化物）については第 2 段落で述べられている。中盤にある Because they are unable ... they live on other creatures and get their necessary nutrition from them.（…できないので、菌類はほかの生物を食べて生き、そこから必要な栄養を手に入れます）がヒントになっている。fungi は葉緑素（chlorophyll）を持っていないため、光合成（photosynthesis）を通じて carbohydrates を作ることができず、ほかの生物に栄養を依存している。よって、[D] が正解。[A] と [B] はこの内容に合致しないので不可。[C] を示す記述は文章中にない。

● 3.

第 3 段落が cell walls（細胞壁）について述べている。fungi の細胞壁は polymer（ポリマー）という成分で構成されており、それはエビなどの甲殻と同じ成分である。そして、後半の This is especially important（これは特に重要です）以下にヒントがある。it（= polymer）allows the fungus to produce the enzymes that help it attack other organic matter without hurting itself（ポリマーのおかげで、菌類は自分自身を傷つけずにほかの有機物を攻撃するのに役立つ酵素を作ることができる）とある。つまり、polymer は fungi がほかの有機物を攻撃する際に出す酵素から自身を守るために役立つ。[C] がそれに合致するため正解。[A] の shells（殻）は述べられていない。細胞壁が酵素を作るわけではないので [B] も不可。fungi が破壊する対象は polymer ではないので [D] も不適切。

語注

[長文]

fungi: fungus（菌類）の複数形
plant: 植物
mushroom: キノコ、マッシュルーム
mold: カビ
over: 〜より多く
species: 種
destructive: 有害な
decay: 〜を腐敗させる
spoil: 〜を駄目にする
grain: 穀物
organic matter: 有機物
produce: 〜を作る
substance: 物質
process: 過程
antibiotic: 抗生物質の
penicillin: ペニシリン
pharmacy: 製薬
characteristic: 特色
share: 〜を共有する
striking: 目立った、際立った
possess: 〜を持つ
chlorophyll: 葉緑素、クロロフィル
photosynthesis: 光合成
be unable to do: 〜することができない
carbohydrate: 炭水化物
derive: 〜を引き出す、〜を得る
food supply: 食料供給
parasitic: 寄生する、寄生性の
living organism: 生物、生命体
live on 〜: 〜を常食とする
creature: 生き物
nutrition: 栄養
harmful: 有害な
feature: 特徴、特色
cell: 細胞
unlike: 〜と違って

be made of 〜: 〜で作られている
cellulose: セルロース（植物の細胞壁を構成する主成分）
polymer: ポリマー、重合体
chitin: キチン質（節足動物の外皮、菌類の細胞壁の主成分）
substance: 物質
make up 〜: 〜を構成する
outer: 外側の
skeleton: 骨格
shrimp: 小エビ、エビ
insect: 昆虫
allow 〜 to do: 〜に…させておく
fungus: 菌類
enzyme: 酵素
attack: 〜を攻撃する
hurt: 〜を傷つける
zygomycota: 接合菌
ascomycota: 子嚢菌類
basidiomycota: 担子菌類
deuteromycota: 不完全菌類
bread mold: パンカビ
feed on 〜: 〜を常食とする
rot: 腐る
yeast: イースト、酵母菌
microscopic: 非常に小さい
powdery: 粉末状の
appearance: 外見
fit into 〜: 〜に合う、〜にはまる
category: 範ちゅう、カテゴリー

[設問]

following: 下記の、次に述べる
statement: 言葉、陳述
be true of 〜: 〜に当てはまる
infer: 〜を推測する
shell: 甲羅、殻

Reading Section Part C

RC02 Intermediate

■ 問題

You are reading a passage on communication.

Verbal communication relies on language while non-verbal communication relies on gestures, eye contact, and facial expressions. When we communicate, we send messages through verbal and non-verbal channels at the same time. However, if our verbal message and our non-verbal message conflict with each other, communication can be difficult and confusing.

Research has shown that if verbal and non-verbal signals are mixed, the receiver of communication will generally interpret communication from the sender based on non-verbal cues. For example, if a student tells a teacher that they are happy with a certain test result, but the student's shoulders are slumped, her voice is very quiet, and she does not look at the teacher at all, the teacher will probably think that the opposite is true; the student is actually unhappy with the test result.

Awareness of non-verbal communication is important for successful communication. Non-verbal cues for interest and cooperation, for example, can support our verbal messages. Interest can be shown through body language by leaning slightly forward during a conversation, tilting the head somewhat, stroking the chin, and blinking slightly. We can show our cooperation not only through our words but also by uncrossing our legs, maintaining eye contact, and smiling.

Attention to non-verbal communication can improve our personal and professional relationships. Be aware of cues that others send to you and respond thoughtfully. Use your own non-verbal messages to support your verbal intentions. If your verbal and non-verbal messages are confusing, communication won't go smoothly.

Here are some helpful tips for understanding non-verbal communication. If you are interviewing job candidates, for example, watch their body language closely. The non-verbal cues should tell you much about a candidate's areas of weakness and strength. When you yourself are in a position to lead or speak to a group, be aware of your own non-verbal communication. Watch the audience and rely on cues regarding how they are reacting to your presentation and if they are interested or bored.

Non-verbal communication is a powerful tool for expressing your mood and feelings and for reading other people's intentions and attitudes. With a little practice, you can become skilled in the art of non-verbal communication.

● 1. What is the main topic of this passage?

   [A] Verbal Communication.

   [B] Non-verbal Communication.

   [C] Miscommunication.

   [D] Verbal and Non-verbal Communication.

● 2. Which of the following is an example of verbal communication?

   [A] Gestures.

   [B] Smiling.

   [C] Language.

   [D] Eye contact.

● 3. According to the passage, what is a good way to show interest?

   [A] Lean forward slightly.

   [B] Cross your legs.

   [C] Ask a thoughtful question.

   [D] Keep quiet.

Reading Section Part C

RC02

■ 訳

あなたはコミュニケーションに関するパッセージ（文章）を読んでいます。

　言語コミュニケーションは言葉に依存しますが、非言語コミュニケーションは身ぶりやアイコンタクト、表情に依存します。コミュニケーションを取る時、私たちは言語手段と非言語手段を同時に使ってメッセージを送ります。しかしながら、もし言語メッセージと非言語メッセージが互いに矛盾すれば、コミュニケーションは難しく、分かりにくくなるかもしれません。

　調査によると、もし言語のシグナルと非言語のシグナルが交ざれば、コミュニケーションの受け手は一般に、送り手からの情報を非言語的合図に基づいて解釈します。例えば、もし生徒が先生にあるテストの結果に満足していると言っているのに、生徒の肩が落ちていて、声がとても静かで、先生を全く見ていなかったら、先生は多分真実は正反対だと考えるでしょう。生徒は、実際にはテストの結果に不満であるということです。

　非言語コミュニケーションを意識することは、コミュニケーションを成功させるのに重要です。例えば、興味と協力を示す非言語的合図を使えば、言葉によるメッセージを裏付けることができます。会話中に少し前かがみになったり、首をややかしげたり、あごをさすったり、少しまばたきをするといったボディーランゲージを通して、興味を示すことができます。協力は言葉だけでなく、足を組まないことや、アイコンタクトを保つこと、ほほ笑むことで表せます。

　非言語コミュニケーションに対して注意を払うと、個人的関係や職業的関係が改善するかもしれません。他人があなたに送る合図に気付き、よく考えて応答してください。言葉で伝える意図を裏付けるために自分の非言語メッセージを使ってください。もし言語的メッセージや非言語的メッセージが分かりにくければ、コミュニケーションは円滑に進まないでしょう。

　非言語コミュニケーションを理解するために役立つヒントがあります。例えばもしあなたが求職者の面接をしているなら、相手のボディーランゲージをよく見てください。非言語的合図から求職者の得意分野と不得意分野について、たくさんのことが分かるでしょう。あなた自身がグループを指導したり、スピーチしたりする立場にある時も、自分の非言語コミュニケーションを意識しましょう。相手があなたのプレゼンにどのように反応しているか、興味を持っているか退屈しているかどうかに関して、聴衆を見て、合図を参考にしましょう。

非言語コミュニケーションは自分の気分や感情を表現したり、他人の意図や気持ちを読んだりするための、強力な道具です。少し練習すれば、非言語コミュニケーションの技術が向上するでしょう。

● **1.** このパッセージの主題は何ですか。

[A] 言語コミュニケーション。

[B] 非言語コミュニケーション。

[C] 誤解。

[D] 言語コミュニケーションと非言語コミュニケーション。

● **2.** 以下のうちどれが言語コミュニケーションの例ですか。

[A] 身ぶり。

[B] ほほ笑み。

[C] 言葉。

[D] アイコンタクト。

● **3.** パッセージによると、興味を示すのに良い方法は何ですか。

[A] 少し前かがみになる。

[B] 足を組む。

[C] よく考えた質問をする。

[D] 静かにしている。

Reading Section Part C

RC02

■ 正解　1. [B]　2. [C]　3. [A]

■ 解説　● 1.

設問は、文章の主な話題を尋ねている。最初の段落には verbal（言語の）と non-verbal（非言語の）の communication（コミュニケーション）について書かれているが、どちらが主な話題かを判断することはできない。第2段落以降では、non-verbal communication の例や重要性を中心に話が展開されている。特に最終段落では、With a little practice, you can become ...（少し練習すれば、…するでしょう）と、non-verbal communication の技術を高めることが推奨されているので、[B] が正解と判断できる。[C] は verbal と non-verbal の組み合わせが悪いと起きるかもしれないが、主な話題ではない。

● 2.

冒頭の1行目にヒントがある。Verbal communication relies on language（言語コミュニケーションは言葉に依存する）と記載されているので、[C] が正解。直後の while に続いて non-verbal communication の例が書かれている。non-verbal communication relies on gestures, eye contact, and facial expressions（非言語コミュニケーションは身ぶりやアイコンタクト、表情に依存する）とあるので、[A] Gestures（身ぶり）と [D] Eye contact（アイコンタクト）は非言語コミュニケーションの例である。[B] Smiling（ほほ笑み）はその後の facial expressions（表情）に含まれるので、不正解。

● 3.

設問の中で最も具体的な語句は show interest だ。「興味を示す」ために有効な手段を英文中から探そう。第3段落の中盤に Interest can be shown through body language（ボディーランゲージを通して、興味を示すことができます）とある。直後の by leaning slightly forward during a conversation（会話中に少し前かがみになる）が選択肢の [A] に合致するので正解。[B] は興味を示す方法としては記載されていない。むしろ「協力を拒む」サインになり得る。同様に、[C] と [D] も興味を示す方法として述べられていないので不適切だ。

語注

[長文]

communication: 伝達、情報
verbal communication: 言語コミュニケーション、言葉による意思疎通。verbal は「言葉による、言葉の」
rely on ~ : ~に頼る
non-verbal communication: 非言語コミュニケーション（手まね、身ぶりなど）。non-verbal は「言葉を用いない」
gesture: 身ぶり
eye contact: （話し相手と）視線を合わせること
expression: 表情
channel: （意思疎通の）ルート、手段
at the same time: 同時に
conflict with ~ : ~と矛盾する、~と対立する
confusing: 混乱させる、分かりにくい
signal: 信号、合図
mixed: 混じり合った
receiver: 受け取る人、受け取った人
interpret: ~を解釈する
sender: 発信人
cue: 合図、ヒント
certain: ある~
be slumped: （悲しみや疲れで）うなだれる、（肩を）落とす
opposite: 正反対のこと
unhappy: 不満な
awareness: 知ること、認識すること
cooperation: 協力、援助
support: （理論など）を立証する、~を支える
body language: 身体言語、ボディーランゲージ
lean forward: 前にかがむ
slightly: わずかに
conversation: 会話
tilt: （首）をかしげる
somewhat: 多少

stroke: ~をなでる、~をさする
chin: 下あご
blink: まばたきをする
uncross: （足）の交差を解く
maintain: ~を続ける、~を保つ
improve: ~を改善する、~を改良する
professional: 職業上の
relationship: 関係
be aware of ~ : ~に気が付いている
respond: 答える、返答する
thoughtfully: 用心深く
intention: 意図
smoothly: 円滑に、すらすらと
Here are ~ .: ~です。~があります。
helpful: 役立つ、助けになる
tip: 助言、秘けつ
interview: ~と面接する
candidate: 志願者
closely: 念入りに、細かく注意して
weakness: 弱点、欠点
strength: 強み、長所
position: 地位、身分
lead: ~を率いる、~を指導する
audience: 聴衆、聞き手
regarding: ~に関して
react: 反応する
presentation: 口頭発表、プレゼン
bored: うんざりした、退屈した
powerful: 強力な
tool: 道具
express: ~を表現する
mood: 気分
attitude: 態度、気持ち
skilled: 熟練した、上手な
art: 技術、こつ

RC03 Easy

問題

This passage briefly describes the life and art of the artist, Salvador Dali.

Salvador Dali was born in 1904 in the small town of Figueras in the northern part of Spain. His parents noticed that he was a talented artist from an early age. They encouraged him to take drawing lessons when he was 10 years old. This was just the beginning of his schooling in art. Through art classes, he was able to meet many different well-known artists who would influence his own art.

When Dali was older, he studied at the Royal School of Art in Madrid. As a student there, Dali enjoyed doing strange things that would get the attention of other students and teachers. For example, he grew his hair out long and wore clothes that were fashionable 50 years before his time. Eventually, his behavior got him into trouble. He was kicked out of the Royal School of Art after he chose not to take a final exam because he believed that he was a better artist than his teachers.

After this, Dali traveled to Paris where he met a group of well-known artists including Pablo Picasso. Dali admired him very much. He studied under these artists while he created his own artistic style. Dali's best-known style is Surrealism. It is a style where the artist shows real things that look unusual or even unrecognizable. Dali began using his own Surrealist style in the late 1920s. Dali's artwork, and his paintings in particular, quickly became very popular.

Dali included certain animals and items over and over again in his artwork. Horses, nude human bodies, flowers, and clouds are all commonly found in much of his artwork. Dali is best known for a painting called *The Persistence of Memory*. Like the *Mona Lisa*, Dali's *The Persistence of Memory* is a painting that most people recognize. It is a painting of several different clocks that are melting. Although Dali is no longer living, his paintings like this one still stay alive and people can enjoy them in museums and other public places.

● **1. Why was Dali kicked out of the Royal School of Art?**

   [A] He had long hair.

   [B] He did not take the final exam.

   [C] He wore clothes that were too fashionable.

   [D] He was a better artist than the teachers.

● **2. Which of the following is true about Surrealism?**

   [A] Things that don't exist are always painted.

   [B] Things are painted in a strange way.

   [C] Artists don't use colors.

   [D] Artworks look old-fashioned.

● **3. According to the passage, what is one thing that can be commonly found in his artwork?**

   [A] Fish.

   [B] Clouds.

   [C] Stones.

   [D] Clocks.

Reading Section Part C

RC03

■ 訳

　このパッセージ（文書）では芸術家サルバドル・ダリの生涯と芸術を簡潔に説明しています。

　サルバドル・ダリは 1904 年にスペイン北部にあるフィゲラスの小さな町に生まれた。両親は、幼いころから彼が才能のある芸術家であることに気付いていた。彼が 10 歳の時、両親は彼にデッサンのレッスンを受けるように勧めた。これは彼の芸術教育の始まりにすぎなかった。美術教室を通して、彼は自分の芸術に影響を与えるような、たくさんの有名な芸術家に出会うことができた。
　ダリは成長すると、マドリードにある王立美術学校で学んだ。そこでの生徒として、ダリはほかの生徒や先生の注意を引くような奇妙なことをして楽しんだ。例えば、髪を伸ばし 50 年前に流行したような服を着た。結局、彼の行動のせいで問題が起きた。彼は教師よりも自分の方が芸術家として優れていると思ったために、最終試験を受けないことにすると、王立美術学校を退学になったのだ。
　これ以降、ダリはパリに行き、そこでパブロ・ピカソを含む著名な芸術家のグループに出会った。ダリはピカソをとても称賛した。彼はこれらの芸術家の下で学び、一方で自分の芸術のスタイルを作り出した。ダリの最も有名なスタイルはシュールレアリスムだ。それは芸術家が現実の物を奇妙だったり、それと認識できなかったりするように見せるというスタイルだ。ダリは自分のシュールレアリスムのスタイルを 1920 年代の後半に用い始めた。ダリの芸術作品、特に絵画はすぐにとても人気になった。
　ダリはある動物や物を作品に何度も何度も登場させた。馬や人間の裸体、花、雲は彼の作品の多くによく見られる。ダリは『記憶の固執』と呼ばれる絵画で最も知られている。『モナリザ』のように、ダリの『記憶の固執』はほとんどの人が知っている絵画である。それはいくつかのさまざまな溶けていく時計の絵だ。ダリはもはや生きていないが、このような彼の絵はまだ残っていて、人々は美術館やほかの公共の場所で楽しむことができる。

● **1.** なぜダリは王立美術学校を退学になりましたか。

[A] 髪を伸ばしていたから。

[B] 最終試験を受けなかったから。

[C] おしゃれ過ぎる服を着ていたから。

[D] 教師よりも優れた芸術家だったから。

● **2.** シュールレアリスムについて以下のうちどれが正しいですか。

[A] 存在しない物事がいつも描かれる。

[B] 物事が奇妙な形に描かれる。

[C] 芸術家は色を使わない。

[D] 芸術作品は時代遅れに見える。

● **3.** パッセージによると、彼の作品によく見られる物は何でしょうか。

[A] 魚。

[B] 雲。

[C] 石。

[D] 時計。

Reading Section Part C

RC03

■ 正解　1. [B]　2. [B]　3. [B]

■ 解説

● 1.

設問が Why で始まっているので、その後には事実が書かれている。Royal School of Art（王立美術学校）を退学させられた（kicked out）という事実が述べられている箇所を文章から探そう。第2段落の後半に He was kicked out of ... で始まる文があり、その直後に after he chose not to take a final exam（最終試験を受けないことにすると）とある。最終試験を受けなかったことが退学の原因なので、[B] が正解。その後の because he believed that he was a better artist than his teachers（彼は教師よりも自分の方が芸術家として優れていると思ったために）は、受験しなかった理由だが、退学の理由ではないので [D] は不可。[A] と [C] は退学には関係ない。

● 2.

設問にある Surrealism（シュールレアリスム）という語について正しい記述を探すために、まず、その語を「検索」し、見つけたらじっくり精読しよう。第3段落の中盤に Surrealism という語があり、直後に It is a style where ...（それは…というスタイルだ）という説明がある。real things（現実の物）が描かれることと、それらが奇妙（unusual）か、それと認識できない（unrecognizable）ことが特徴だ。よって、[A] は前者に合致しないため不可。後者を in a strange way（奇妙な形に）と表現している [B] が正解。[C] と [D] は述べられていないので不適切。

● 3.

最終段落に、Dali（ダリ）が描いたものが記されている。1行目には animals and items（動物や物）と書かれているが、2行目に具体的に Horses, nude human bodies ... are all commonly found（馬や人間の裸体…はよく見られる）と述べられている。選択肢の中で、この箇所に登場するのは [B] の Clouds（雲）だけ。[A] の Fish（魚）は動物（animals）の一種ではあるが、文中に記載がないので選んではいけない。[C] の Stones（石）は記載がない。[D] の Clocks（時計）は、*The Persistence of Memory*（『記憶の固執』）という作品の中で描かれているが、ほかの作品にも登場するとは書かれていないので不適切。

語注

[長文]

briefly: 簡潔に、手短に
describe: ～を描写する、～を記述する
Salvador Dali: サルバドル・ダリ（1904-89、スペインのシュールレアリスムの画家）
Figueras: フィゲラス（スペインの都市）
Spain: スペイン（ヨーロッパ南西部の国）
talented: 才能のある
encourage ~ to do: ～を…するように励ます
drawing: デッサン、スケッチ
schooling: 学校教育
well-known: 有名な、よく知られている
influence: ～に影響を及ぼす
Madrid: マドリード（スペインの首都）
attention: 注意
clothes: 衣服
fashionable: 流行の
time: 時代
eventually: 結局は、ついに
behavior: 振る舞い
get ~ into trouble: ～をごたごたに巻き込む
kick ~ out of …: ～を…から追放する
choose to do: ～することに決める
final exam: 期末試験、卒業試験
Paris: パリ（フランスの首都）
including: ～を含めて
Pablo Picasso: パブロ・ピカソ（1881-1973、スペインの画家・彫刻家）

admire: ～に敬服する、～に感心する
artistic: 芸術の
style: 表現形式、特徴、様式
Surrealism: シュールレアリスム、超現実主義
unusual: 普通でない、異常な
unrecognizable: （すっかり変わってしまって）それと分からない
Surrealist: シュールレアリストの、超現実主義者の
artwork: 芸術品、工芸品
in particular: 特に
certain: ある～、例の～
item: 品目
over and over again: 何度も繰り返して
nude: 裸の、裸体の
commonly: 一般に、普通には
persistence: 固執、しつこさ
recognize: ～に覚えがある、～を識別する
melt: 溶ける
no longer: もはや～ない
stay alive: 生き続ける、生き永らえる
public: 公の、公共の

[設問]

following: 次に述べるもの、下記のもの
old-fashioned: 時代遅れの

column

押さえておきたい　文法の基礎

英語はシンプル
　ここではテスト対策に役立つ文法の基礎を紹介します。
　日本語を使う人のうち、日本人が占める割合は95パーセント以上でしょう。ところが、英語を使う人のうち、英語のネイティブ・スピーカーが占める割合は半分以下です。過半数は英語を外国語として使っています。その理由の1つは「英語は簡単だから」です。意外に思われるかも知れませんが、外国語として英語を使う人が何億人もいるのですから、認めざるを得ないでしょう。「簡単」とは「ルールがシンプルで習得しやすい」という意味です。英語の文の構造は大きく分けて5パターンしかありません。この英文の構造を文の型、すなわち「文型」と呼びます。

英文の基本となる型（文型）

第1文型

S（主語）＋V（動詞）
An earthquake happened.（地震が起きた）
　　主語　　　　動詞

第2文型

S（主語）＋V（動詞）＋C（補語）
Mary is a student.（メアリーは学生だ）
主語　動詞　補語

第3文型

S（主語）＋V（動詞）＋O（目的語）
Kent bought a magazine.（ケントは雑誌を買った）
主語　動詞　　目的語

第4文型

S（主語）＋V（動詞）＋O（目的語）＋O（目的語）
The teacher asked me a question.（先生が私に質問をした）
　　主語　　　動詞　目的語　目的語

> **第5文型**
>
> S（主語）＋V（動詞）＋O（目的語）＋C（補語）
> The news made her happy.（その知らせにより彼女はうれしく思った）
> 　主語　　動詞　目的語　補語
>
> **主語**　　動作や状態の主体となる語（名詞）
> **補語**　　主語や目的語とイコール関係にある語（名詞か形容詞）
> **目的語**　動作や状態の対象となる語（名詞）

　文は基本的に「主語」「動詞」「目的語」「補語」でできています。どの文型が使われるかは、あくまでも「伝えたい内容」で決まります。ある1つのことを伝えるために、すべての文型が使われるわけではありません。

詳しい情報を盛り込むには「修飾語」を使う

　文型の基本要素は「主語」「動詞」「目的語」「補語」ですが、それらを説明する語（修飾語）が加わることで、より詳しい情報が盛り込まれます。修飾語には形容詞や副詞などがあります。
　どんなに長い英文でも「主語」「動詞」「目的語」「補語」そして「修飾語」に分解することができます。以下の文は左ページの例文に修飾語が加わったものです。

Mary is a smart student.（メアリーは賢い学生だ）
　　　　　　修飾語（形容詞）

Kent bought a new magazine yesterday.（昨日ケントは新しい雑誌を買った）
　　　　　　　修飾語（形容詞）　　修飾語（副詞）

The teacher asked me a question during the class.
　　　　　　　　　　　　　　　　修飾語（副詞句）
　　　　　　　　　　　　（先生が授業中に私に質問した）

column

品詞の役割

　品詞とは、同じ意味を持つ単語の異なる形です。例えば「印象」という語には次のような4つの品詞があります。基本的に品詞が異なれば語尾が異なります。品詞によって、文の中で果たす役割が変わります。

impress	動詞	印象付ける
impression	名詞	印象
impressive	形容詞	印象的な
impressively	副詞	印象的に

　動詞と名詞の形が同じ語もあります。また、すべての語が4つの品詞を持つわけではありません。

care	動詞	注意する
care	名詞	注意
careful	形容詞	注意深い
carefully	副詞	注意深く

形容詞と副詞の役割とは？

　名詞は主語や目的語、補語になり、動詞は主語の動作や状態を示します。形容詞は「主語や補語などの名詞を修飾」し、副詞は「名詞以外を修飾」します。混同しないよう注意してください。形容詞は補語になることもあります。

Anne bought a car. (アンは車を買った)
名詞　動詞　名詞

Anne bought an expensive car. (アンは高価な車を買った)
　　　　　　　形容詞 → 名詞 [形容詞が名詞を修飾]

Anne bought a surprisingly expensive car. (アンは驚くほど高価な車を買った)
　　　　　　　　　副詞　 → 　形容詞 →名詞
　　　　　　　[副詞が形容詞を、形容詞が名詞を修飾]

ヒロ前田が教える
英語学習法のアドバイス

- リスニング ────── p. 108
- 文法 ────── p. 113
- リーディング ────── p. 116

学習法のアドバイス リスニング

🍀 こんな「思い込み」をしていませんか 🍀

「ひたすら英語を聞けばリスニング力は自動的に上がる」と思ってはいませんか。確かに、全く聞かないよりはマシかもしれませんが、実は「ひたすら聞く」を優先しても効果的ではありません。まずリスニング力とはそもそもどのような力なのかを説明しましょう。

リスニング力を支える4大要素

リスニング力とは「聞き取る力」ではありません。「聞き取って内容を理解する力」です。もし Get him out of here! という英文を聞いて「ゲリムァゥライァ」と聞き取れたとしても、「あいつを放り出せ！」という内容を理解できなければ、リスニング力があるとはいえないからです。リスニング力を支える主な要素は4つあります。**1 語彙　2 文法　3 発音　4 スピード** です。

1 語彙

知らない言葉は聞き取れても理解できません。1つ1つの単語については当然ですが、知っている単語でも「フレーズ」(成句)を知らなければ、やはり理解できません。例えば、 It's a piece of cake. は「そんなの簡単だよ」という意味。ケーキは無関係です。日本語で「お茶の子さいさい」と言うようなものですね。フレーズと似たものに「イディオム」(熟語)があります。I can't put up with your attitude. が「あなたの態度には我慢できない」を表すというように、イディオムの意味を知らなければ、聞いても理解できません。

2 文法

次に文法です。リスニング力と文法力は大きく関係しています。次の例はどういう意味ですか。

Mary couldn't finish the report by Monday.
「メアリーは月曜までにリポートを完成できなかった」ですね。では、次はどうでしょうか。

Mary could finish the report by Monday.
「メアリーは月曜までにリポートを完成できた」ではありません。ここでは「月曜」は今よりも先のこと（未来）になります。「月曜までに完成<u>できるだろう</u>」が正しい解釈。ここでの could は「推量」を表し、「〜できるだろう」の意味です。もう1つ見てみましょう。

Tom could have done it better.
「トムはもっと上手にできた」ではなく「トムは（下手だったけど）もっと上手に<u>できたはずなのになぁ</u>」というニュアンスです。ここでの could have done は「仮定法過去完了」で、「〜できたろうに」の意味です。このように、文法に関する知識がリスニング力に大きく影響します。

語彙と文法はリスニングだけでなくリーディングにも必須です。**読んで理解できなければ聞いても理解できません**。リスニング力を高めるには、リーディングをおろそかにしないでください。また、リーディング力を鍛えれば、それがリスニング力の向上にもつながるのです。

3 発音

「英文を見れば分かる。聞くと分からない」という現象はよく起きます。その大きな原因は発音です。英語の発音ルールを知らなければ正確には聞き取れませんが、日本では高校までに発音を学ぶ機会がほとんどありません。試験などで「自分の発音を試される」ことが少ないからです。さらに、発音は相手に通じれば十分だという考え方があるからでしょう。ところが、発音を知らなければ相手の発言は理解できません。つまり**聞き取って理解できない原因は、発音にもある**のです。

先ほど登場した Get him out of here! を「ゲット・ヒム・アウト・オブ・ヒヤ」と発音するネイティブ・スピーカーは地球上に存在しません。「ゲリムアゥライァ」などとなります。それにもかかわらず、普段から自分が前者のように発音していたら、正確に聞き取れるはずがないのです。言い換えると、**自分が出す音を聞く音に近づければ、リスニング力が上がります**。

発音を身に付けるのは「もう遅い」とあきらめる必要はありませんし、ネイティブ・スピーカーと同じレベルを目指す必要もありません。発音のルールは決

まっているので、それを学んで練習すれば、かなりリスニングが楽になります（発音の特徴については p. 132 〜 134 を参照）。

4 スピード

最後はスピード（速い音声に対する慣れ）です。「相手がゆっくり話してくれた場合だけ」理解できても十分とはいえません。ネイティブ・スピーカーの英語は速過ぎると感じるでしょうが、だからと言って「遅過ぎる」英語に慣れていてもリスニング力の向上は望めません。テストや模擬試験などに登場するスピードを「普通」だと感じるまで練習してみましょう。

リスニング力を高める学習法

語彙と文法、発音とスピードといった「4 大要素」を鍛えることでリスニング力が伸びますが、それらを別々に練習するのは面倒ですし、効果的でもありません。全部を同時に練習できる方法があります。それは、英語学習の基本である「**音読**」です。ただし、単純に文字を声に出して読むだけでは 4 大要素を鍛えることができません。大切なのは「コピー音読」です。

コピー音読

書類を複製することを「コピーする」と呼ぶように、英語の音声素材を複製するようにまねして読むのが「コピー音読」です。発音やイントネーション、スピードが音声と同じになるようにまねして言います。この方法で、語彙や文法だけでなく英語の発音とスピードも自分のものにすることができます。コピー音読には、次のような種類があります（練習用の音声素材については p. 125 〜 を参照）。

オーバーラッピング

英語を聞きながら、同時に文字を見たまま言ってみる。イントネーションやタイミングが音声とほぼ同じになるまで繰り返す。

シャドーイング

文字を見ずに**英語を聞きながら**、**直後に同じ内容を言い**、**音声についていく**。発音やイントネーションを徹底的にまねすること。短過ぎる素材を使うとシャドーイングしにくいので、最低でも5秒以上の長さがある音声を使うとよい。

リピート

文字を見ずに英語の音声を1文の**最後まで聞いて一時停止し**、**同じ内容を言ってみる**。文字を見ないで練習するので、内容を一時的に記憶しておく必要がある。5秒以内の音声を使うのが適切。

これらの練習に取り組むためには、まず「英文の内容を理解すること」が大切です。音声は少なくとも1回、できれば3回以上聞いて、何が述べられているかを完全に理解してから練習を行ってください。英文を目で確認し、知らない単語や表現があれば辞書を使って調べます。それにより語彙力と文法力も伸びます。内容を理解した音声をコピー音読すれば、リスニングの力が上がるでしょう。

速音読

「コピー音読」のほかに「速音読」もリスニング力アップに役立ちます。文字通り速く音読することを指しますが、その速さの目安は「自分の限界」です。例えば、音声の長さが40秒ならば、「コピー音読」をするときは自分も40秒で話すことを目標とします。それに対し、**「速音読」をする際には「これ以上は無理」と言えるくらいの限界スピードで話してみるのです**。コピー音読を先に何回か行っていれば、タイムを必ず32秒などに短縮できます。ストップウオッチを使って時間を計るのがお勧めです。

そして、2、3回チャレンジしたら、もうタイムは縮まりませんから、そこで終了です。その後で、再び同じ音声を聞いてみてください。**魔法のように聞こえ方が変わっている**はずです。英語を速く音読すると、内容を**前から理解する**癖がつきます。そのためにリスニング力が向上します。言い換えると、ゆっくりとしたスピードで音読していてもリスニング力はあまり伸びないと思ってください。

スコアUPのコツ　Listening Section 編

GTEC College Test Edition の Listening Section では上級レベルの問題になると、英語の音声のスピードが速くなり、ネイティブ・スピーカーの自然な会話と同じくらいになります。日本人向けの教材ではスピードを手加減した音声が使われることがありますが、それらを使って練習しても GTEC College Test Edition のスコアアップは望めません。普段から速めの英語を聞いて「コピー音読」や「速音読」をしておくことがスピードへの対策となります。

Part A

Part A では迅速に解答するための「判断力」が求められます。写真やイラストを描写する 3 つの選択肢が聞こえてきます。それぞれは短いですが、すべてを記憶して最後に解答を選ぶことは難しいので、**各選択肢を聞き終えた直後に正解か不正解かを判断する**といいでしょう。

Part B

Part B でも同様に素早い判断を下しながら解答する必要があります。判断力を鍛えるには、2 人以上の人物による会話が含まれる音声を利用して、**「やりとり」を丸ごと音読すると効果的**です。

Part C

Part C では「速く読む力」も求められます。設問と選択肢が画面に表示されますが、それらをじっくり読んでから音声を聞くと時間切れになってしまいます。**まず音声を聞く前に設問に目を通して「何を聞き取るべきか」だけを把握しておきましょう。そして、聞いている間は音声に集中し、音声が終わったら素早く 4 つの選択肢を読みます**。読むスピードが遅ければ、必然的に次の問題に進むのが遅れます。「速音読」を普段から実践して、速く読めるようになりましょう。

テスト対策の学習には、出題形式が似ている TOEIC テスト用の問題集が利用できます。ただし、あくまでも**リスニング力そのものを高める練習が大切**であることを忘れないでください。

学習法の アドバイス　文法

🍀 文法は基礎 🍀

「学校英語は文法ばかりだから、日本人は英語を話せない」などと言われることがあります。それは事実かもしれませんが、では、日本人は文法に強いといえるのでしょうか。実際に英語を学んでいる人を見ると、基礎的な文法事項すら習得できていない人が意外と多いです。語彙学習に終わりはありませんが、文法は違います。ごく一部の例外を除きルールが明確であり、高校までに習う項目だけ習得すれば十分です。特に GTEC College Test Edition のようなマーク式テストでは、高度な知識は求められませんので、基礎を確実に身に付けてください。

文法の学習法

文法を学ぶには2つの異なるアプローチ方法があります。1つは、文法ルールをまとめた参考書を先に読んで知識を頭に入れてから、問題集などを使って演習する方法。もう1つは順番が逆で、**問題集を使った演習に先に取り組み、必要に応じて参考書を使うアプローチ**です。

GTEC College Test Edition などのテスト対策や、英会話など実践的なコミュニケーションを目標にするのならば、後者をお勧めします。なぜなら、文法用の参考書には非常に多くのルールが掲載されているので、それを前から順番に読んでも「単なる暗記」になる可能性が高いからです。**経験を伴わずに強引に暗記したものは忘れやすいものです**。英語を研究するのであれば話は別ですが、コミュニケーションのために学ぶのであれば参考書は「困ったときに相談する相手」として利用しましょう。まずは、問題集を使って「困る経験」を積んでください。そうすれば頭の中に疑問が生じ、**それを解決したい、という気持ちがわくはずです。その状態で参考書を参照すれば**、答えを見つけたときに**記憶に定着しやすくなります**。

また、多くの人が軽視しているのが英和辞書です。「辞書は単語の意味を知るために使うものだ」と思っている人が多いようですが、よく読むと文法に関する多くの疑問が解決します。ぜひ活用してください。

学習法の
アドバイス **文法**

問題集の選び方と使い方

GTEC College Test Edition に出題される文法問題は多くありません。Reading Section の Part A に数問出る可能性があるだけですから、Part A 対策として文法を練習する必要はあまりありません。ただし、文法はリスニングにも長文読解にも、選択肢の理解にも必要です。もし、文法について「自信がある」と言えないならば、いろいろな場面で困ることになりますので、しっかりトレーニングを積みましょう。

トレーニング用には、TOEIC などのマーク式テストを想定した「空所補充問題」が適しています。品詞の区別や代名詞、関係代名詞、接続詞などに関する練習問題に挑戦してください。

または、2006 年より前に出版された TOEIC 用の問題集も有益です。その年の 3 月まで「誤文訂正」(英文中の間違っている個所を選ぶ) という形式の問題があり、これは文法ルールを学ぶには最適です。「なぜ、この英語は間違っているか」を考えれば、自然に英語力が鍛えられるからです。

最強の勉強法とは

問題集を使う際にものすごく大切なことがあります。それは問題を解くときは「考える」のを癖にするということです。選択肢の [B] が正解だと判断したならば、[B] 以外が**不正解である理由をきちんと考える**ことが非常に大切なのです。「なぜ [A] はダメなのか。それは〜だからです」と、他人に説明しているつもりで解説してみてください。説明できれば、その知識は本物といえます。

実際は、日本人が日本語の文法を習得するために問題集を解いたりしないのと同じように、英語の文法を学ぶために問題集に取り組む必要はありません。正しい英文に大量に触れて、文法を自然に吸収すれば十分です。しかしながら、そのアプローチでは習得までに長時間かかるでしょうから、問題集を使って意識的に学ぶのもいいでしょう。ただ、意識的に学んだものでも何割か忘れてしまうのが人間です。やはり**英文を読むなどして、普段から英語を体内に取り込む**作業も同時に行うことが理想的です。

スコアUPのコツ　Reading Section 編①

Part A

ここでは「空所補充問題」が出題され、文法力・語彙力が試されます。「文法問題」より「語彙問題」の方が高度ですので、初級レベルでは文法問題の比率が高く、上級レベルでは語彙問題の比率が高くなります。まずは文法問題を落とさないよう準備することが先決です。

Part Aでは「スピード」が重要です。解答を決め、選択肢をクリックしたら、すぐに「NEXT」ボタンを押して次に進んでください。「NEXT」ボタンを押すと前の問題に戻ることはできませんが、パート全体に制限時間が設けられているので、1つの問題に時間を使い過ぎると、途中で時間切れになる可能性があります。**1問当たり平均40秒程度で解答する**よう心掛けてください。

文法問題

品詞や動詞の形、関係代名詞などを問う**文法問題**は、語彙問題に比べて速く解答できます。なぜなら、**問題文全体の意味を完全に把握しなくても、解答のヒントとなる語句を発見すれば正解を導ける**からです。もし、1問に40秒かけても正解を選べない場合は、勘で答えを選んで次の問題に進むべきです。

語彙問題

一方、**語彙問題は全文を理解しなければ解答できない**場合があります。選択肢に完全に異なる意味の単語が並んでいれば語彙問題ですので、問題文を文頭から文末まで読んでから解答しましょう。ただし、50秒以上を使うと、時間切れになるリスクが高まります。**分からない場合は適当に答えを選んで先に進んでください**。このような「あきらめ力」も大事なスキルです。

当然のことですが、「スピード」や「あきらめ力」は実際の試験で必要ですが、普段の学習では、きちんと理解することが最重要です。特に、文法は論理的な説明が可能な分野ですから、1つのルールをきちんと習得すれば多くの問題が解けるようになります。最初のうちは理解を優先して学習し、受験前の数日で脳ミソを「試験モード」に切り替えれば十分に対応できます。

| 学習法の
| アドバイス

リーディング

🍀 「ひたすら読む」は有効 🍀

先に「ひたすら聞く」を優先してもリスニング力アップの効果は低いと述べました (p. 108 参照)。では、リーディング力を上げるために「ひたすら読む」のは効果的でしょうか。正解は「効果的」です。ただし、いくつかの条件があります。まずは、リーディング力が何を意味するかを GTEC College Test Edition 対策の観点と合わせて確認しましょう。

「英語が読める」とは

リスニング力を支える要素は、1 語彙　2 文法　3 発音　4 スピード です。リーディングの場合、発音は関係ありませんから、**1 語彙　2 文法　3 スピード**が 3 大要素といえます。

「英語が読める」は勘違い？

「英語ですか。ま、読めますけど、スラスラ話すのは無理です」と言う人が結構います。その発言は本当でしょうか。目の前にある英文を目に入れるのは誰にでもできます。単語と文法さえ理解できるレベルならば、読めている気がするでしょう。しかしそれは勘違いかもしれません。

日本語に置き換えてみましょう。あなたの読むスピードはどれくらいですか。それ以前に、手にした新聞や雑誌を全部読みますか。日本語を母国語とする私たちは、読むスピードが速いのは当然として、必要のない情報を捨てながら読むこともできるはずです。逆に何かを調べる際には、本や資料をゆっくり読み、隅々まで内容を理解することもあります。さらに、読み終えた直後であれば、ある程度は自分の言葉で内容を説明できるはずです。内容を記憶しているからです。

このように考えると、**「英語を読める」**とは**「必要なら速く読める」**ということと考える方が自然なのです。もちろん日本語と同じ速度で読める必要はありませんが、英語学習者としては、**1 分間に平均 200 語を理解しながら読むことを目指してください**。6 秒で 20 語です。GTEC College Test Edition の Reading Section に厳しい時間制限があることを考えれば、「スピード」(速く

読めること）は重要なスキルです。

速く読めるようになるには

英語を速く読めるようになるには2つの方法が考えられます。「英語力を高める」と「速読用スキルを磨く」です。もちろん前者に取り組んでください。後者は言語能力が十分に上達してから行えば効果的ですが、それまでは取り組んでも「猫に小判」です。**「英語力を高める」**とは具体的に言えば、まず**「ゆっくり正確に読む力を高める」**ことです。速読の方法が「ゆっくり読む」だなんて不思議に思うでしょうが、これを避けると永遠に速読はできません。

速読の第一歩＝ゆっくり読む（精読）

日本語と同様に、英語でも精読できないものは速読できません。**ゆっくり正確に読むことができない文章を、速く読んで理解できるはずがありません**。じっくり1つの文と向かい合い、メッセージを正しく理解する練習をすることが、速読への第一歩です。その際に大事なのは「何となく意味を把握して満足してはいけない」ということです。知らない語彙や語法、イディオムなどがあれば自分で調べてください。リーディング練習に使うのは、新聞でも問題集でも何でも構いません。難易度としては「1文に知らない語がゼロか1つしかないレベル」の英文が目安です。具体的な精読方法は次の通りです。

精読の方法

精読では**メッセージを正確に理解する**ことが大切ですが、きちんとした「日本語訳」を考える必要はありません。あくまでも内容の理解が重要です。そして、**同じくらい重要なのはなるべく前から順に理解する**ことです。英語と日本語は語順のルールが異なるので難しいと感じるかもしれませんが、あなたは今読んでいる、この日本語を前から順に理解できていますよね。英語も人間が前から読んで理解できるように作られています。ですから、なおさら語順の違う日本語で「訳」を作らない方がいいのです。日ごろから英文を前から理解する習慣を付ければ、速読力とリスニング力も付いてきます。続いて例を見てみましょう。

リーディング

前から順に理解する

Our CEO, Kathy Leighton, prefers small informal gatherings to formal meetings in the boardroom because they tend to encourage more frank discussions.

上の英文の日本語訳を作ると、次のようになります。
「われわれの CEO であるキャシー・レイトン氏は、率直な議論を促進する傾向にあるので、小規模の非公式な会合を、役員室での形式的な会議より好む」

前から順に「メッセージ」を理解すると、例えば次のようになります。
「うちの CEO のキャシー・レイトンが好むのは小さくて非公式な集まりです。形式的な会議を役員室でやるより好き。理由？ 率直な議論が増えやすいから」

ここでは便宜上、日本語を使って表現しましたが、精読をする際には日本語の文字を思い浮かべる必要はありません。内容を、普段自分が使う言葉で概念化、もしくはイメージ化することが理想です。prefer (〜を好む) という動詞を知らなければ辞書で調べます。preference (好きであること) や preferable (好ましい) などの派生語を発見できますし、gathering ([社交的な] 集会) と meeting (会議) の違いを調べれば語彙が豊富になっていきます。知っている語句でも気になるものは辞書で調べましょう。辞書を使うのを習慣化できれば英語力が飛躍的に伸びます。**このような精読練習により、語彙と文法の力が伸び、同時に読むスピードが速くなる**のです。

リーディング力を高める練習法

次に、精読の素材の選び方と実践的なリーディング方法を 2 つ紹介します。挫折しにくいメソッドですので、ぜひ、どちらかに挑戦してください。

ワンテーマ・リーディング

取りあえず英字新聞や雑誌などを読み始めたけれど、3 日で挫折したという経験はありませんか。読書とは本来「読みたいから読む」のが基本ですから、読みたくもないものを読んでも継続できません。そこで、**もともと興味のあるテー**

マを1つ選んで、それだけを読む、「ワンテーマ・リーディング」がお勧めです。

テーマは、スポーツや料理、ビジネスなど自分が好きなものにします。嫌いなものを選んではいけません。読むのは、新聞や雑誌、またはインターネット上のニュースなどです。テーマによってはさまざまなトピックがあるため、自分の好きなトピックに絞って読んでも構いません。「スポーツ」をテーマに選んでも、「イチロー選手」のトピックだけを読むという具合です。継続的に目にしそうなトピックが適していますが、好きなら何でも結構です。

テーマやトピックを絞れば、興味を維持できますので、学習を続けやすくなります。そして、**最大のメリットは速読力が上がること**です。なぜなら、数日または数週間ほど同じテーマで英文を読み続けると、同じ語彙や表現が繰り返し登場します。頭の中には背景知識も蓄積されていきます。それにより、いつの間にか読むスピードがアップします。日本語でも同じです。企業合併のニュースを日経新聞で読んだ後、毎日新聞でも読み、夜にテレビのニュースでも見たとします。翌朝にインターネットで最新情報を目にし、昼休みにスポーツ新聞で同じ記事を発見した時点では、かなり高速で読めるようになっているはずです。

毎日のように英語を読むという習慣を作るために、ワンテーマ・リーディングは非常に効果的です。慣れてきたらトピックの数を増やしても構いません。

バイリンガル・リーディング

背景知識を持っているトピックは読みやすく、結果として学習を継続しやすいといえます。そこで役立つのが、日本語と英語で同じ内容の記事を読む、「バイリンガル・リーディング」です。私たちは日本語を使って生活していますので、毎日、関心の有無に関係なく日本語で情報収集を行っています。であれば、せっかく得た知識を役立てるために、**意図的に同じトピックを英語で読んでみる**のはいかがでしょうか。先に日本語で情報を仕入れているトピックなら、英語でも割と苦労せずに読めます。

ポイントはなるべく同じ日に読むことです。インターネットのおかげで、主なニュースはすぐに日本語と英語で読めます。ところが、情報更新の頻度も高いので、次の日になると、記事を探すのに苦労するかもしれません。

やってみれば分かりますが、日本語の記事を読んだ後に同じトピックを英語で読

リーディング

むと、「あれ、この単語はもしかすると日本語で読んだアレかな?」と推測できるようになります。その推測が当たるとは限りませんが、ただ調べるより**推測してから調べた方が、得た情報は圧倒的に記憶に定着しやすくなります**。疑問や関心を持ちながら英語に接すると成果が上がるものです。

これらの精読を続けることで、読むスピードが上がります。速読とは「速く読むこと」ではなく「速く読める状態」だと思ってください。無理やり速度を上げると理解が伴わなくなります。英語力を着実に伸ばしながら速読を実現していきましょう。そして、語彙力が上がれば、手にする素材が少しずつ高度になっていくものです。さらに、速読は自然に「多読」につながります。人が水を飲むように、英語を日ごろから吸収することでリーディング力は間違いなく伸びていきます。

スコアUPのコツ　Reading Section 編②

Reading Section の Part B と Part C は「長文を読んで設問に解答する」タイプの問題が出ます。正解率によって出題内容が変わりますから、英文のレベルは受験者によって異なります。

Part B
Part B と Part C では、Part A 以上に「スピード」が重要です。特に Part B には5つの長文が出題されますので、1問に70秒以上を使うと時間切れになる可能性が高くなります。1つの長文に設問が1つあるので、**長文を読む前に設問に目を通す**ことが必須です。どんな情報を探すべきかを把握してから長文を読みましょう。ただし、選択肢までじっくり読むと後で時間が足りなくなりますので、**設問だけで構いません。**

Part C
Part C では1つの長文に3つの設問がありますが、アプローチの手順は Part B と同じで、**長文を読む前に設問に目を通します**。ただし、設問は1問ずつ表示されるので、1問目を解答しなければ、2問目以降の設問が画面に表示されません。前の問題をなるべく早めに解答するよう心掛けてください。

Reading Section の Part A と Part B・Part C には決定的に違う点があります。Part A では語彙と文法の知識が試されるので、正解は頭の中にあります。知識がなければ解答できません。ところが、Part B と Part C では、**正解のヒントは目の前に書かれています**。問題作成者は選択肢を作るとき「正解の根拠はこれ。不正解の根拠はこれ」と考えています。ですから、**ヒントがありそうな場所を見つけるための「速読」と、根拠を発見するための「精読」を意識的に併用する**ことで、正解率が高まります。自分なりに根拠を持って冷静に判断を下しながら解答していってください。

リーディングには「即効テクニック」は存在しませんが、長期的な視点に立って、普段から精読と速読を積み重ねれば、簡単には落ちない安定した力になります。ぜひ、英語という水を飲み続けてください。

文法問題の解き方のコツ

　Reading Section の Part A には基本的に「語彙問題」と「文法問題」が出題されます（上級者には「語彙問題」が多く出ます）。「語彙問題」は、選択肢に同じ品詞で異なる意味を持つ語句が並ぶタイプの問題で、それぞれの語句の意味を知らなければ解答できません。一方の「文法問題」は、文法に関する知識を問うタイプの問題です。ここでは出題される可能性が高い文法問題のパターンと、その解き方を紹介します。

品詞を区別する問題
　Part A の問題で、選択肢に同じ語の異なる品詞が3つか4つ並んでいれば「品詞を区別する（適切な品詞を問う）問題」です。このタイプの問題では、問題文の意味をすべて理解しなくても解答できることが多く、空所の前後を確認して適切な品詞を選択します。

例題 1

The ＿＿＿＿＿＿ candidate will be contacted by e-mail no later than May 12.

[A] succeed
[B] success
[C] successful
[D] successfully

　選択肢には4種類の品詞が並んでいます。[A] は動詞、[B] は名詞、[C] は形容詞、[D] は副詞です。これは「品詞を区別する問題」です。正解を得るためのヒントは空所の近くにあります。
　空所の前に冠詞の **The** があり、後ろに名詞の **candidate**（候補者）と助動詞 **will** が続いています。よって **will** の前までが主語ですから、空所は **candidate** を修飾していると判断できます。名詞を修飾するのは基本的に形容詞なので、[C] の **successful**（成功した）が正解です。**The successful candidate** は求人に応募した人のうちの「採用者」を表します。

訳：採用者には遅くても5月12日までにEメールで連絡します。　　**正解：[C]**

例題2

Those wishing to join the party should download an _____ form from our website.

[A] apply
[B] applicable
[C] applicant
[D] application

　空所の前に冠詞があり、後ろには名詞があるので例題1に似ています。ところが、形容詞の [B] を選ぶと不正解です。**applicable** は「適用できる」を意味しますが、**form**（書式）とセットになっても意味を成しません。正解は [D] **application** です。**an application form** で「申込書」という意味です。形容詞は名詞を修飾しますが、名詞を修飾するのがいつも形容詞とは限りません。この例題のように名詞が名詞を修飾する場合もあります。

訳：パーティーに参加したい人は、ウェブサイトから申込書をダウンロードする必要があります。　　**正解：[D]**

　それでは単語の品詞はどうすれば分かるのでしょうか。多くの場合、語尾に注目すれば区別できます。以下に「品詞ごとの主な語尾の例」を挙げます。

品詞ごとの主な語尾

名詞

-ion	communication（コミュニケーション）、location（位置）
-ship	leadership（指導力）、hardship（苦難）
-ity	necessity（必要）、accountability（責任）
-ance	acceptance（受諾）、assistance（援助）
-ment	development（発達）、establishment（設立）
-ness	fairness（公正）、correctness（正しさ）

動詞

-ize	customize（～を注文に応じて作る）、standardize（～を標準に合わせる）
-ify	qualify（～に資格を与える）、justify（～を正しいとする）
-en	fasten（～をしっかり固定する）、strengthen（～を強くする）

column

形容詞	
-al	economical（経済的な）、fundamental（基本的な）
-able	available（利用できる）、reliable（信頼できる）
-ful	successful（成功した）、beautiful（美しい）
-ous	delicious（とてもおいしい）、obvious（明らかな）
-ive	impressive（強い印象を与える）、constructive（建設的な）
副詞	
-ly	promptly（即座に）、immediately（すぐに）

動詞の形を問う問題

最後は中級レベルの例題に挑戦してみましょう。 例題3 のように選択肢に動詞の異なる形が並んでいれば「動詞の形を問う問題」です。

例題3

The new policy will _____ at the end of the month by Dr. Chen and Ms. Coleman.

[A] be reviewed
[B] review
[C] be reviewing
[D] reviewed

　動詞 review（〜を見直す）の異なる形が並んでいて、動詞の形が問われています。動詞の形を決める要素はいくつかあり、大事なのは①主語との関係　②時制です。問題文の主語 policy（方針）は、review する側ではなく、人によって review される側です。よって、review の「受身形」が必要で、正解は [A] です。
　review は「〜を見直す」という意味の他動詞ですが、[B]や[C]を入れると、「何を」見直すのかが不明になります。そもそも「新しい方針が（〜を）見直す」というのは不自然です。
　また、空所の前に助動詞 will があり、助動詞の直後の動詞は「原形」になるので、過去形の [D] は削除できます。このように、動詞の形が問われている場合は、文法ルールに従って論理的に不正解の選択肢を消去することが大切です。

訳：新しい方針は、チェン博士とコールマンさんによって月末に見直されます。

正解：[A]

GTEC College Test Edition
受験のためのお役立ち教材

ここからは本書の解説のヒロ前田さんとアルクが選んだ GTEC College Test Edition のスコアアップや、英語力アップに役立つ書籍やウェブサイトをご紹介します。

テスト対策・英語力アップに役立つ書籍

『新装版 耳慣らし英語ヒアリング2週間集中ゼミ』

小川直樹／アルク／1480円（税抜）

英語の発音ルールを詳しく知りたい方にお勧めの1冊。日本人が英語を聞き取りにくい原因となっている、英語の音の特徴を解説。練習問題を解きながら実践的に学べる。これを1冊読むと、英語がグンと聞き取りやすくなる。

『バック・トゥ・ザ・フューチャー――名作映画完全セリフ集』

フォーイン　スクリーンプレイ事業部／1200円（税抜）　制作当時の情報です。

映画のセリフの英文と訳を収録した「スクリーンプレイ」シリーズ。好きな映画があれば、ぜひ手に入れたい。実用的な英語を学びリスニング力を向上させるのに役立つ。初級向けの『バック・トゥ・ザ・フューチャー』のほか、『プラダを着た悪魔』『ローマの休日』など、ラインアップも豊富。

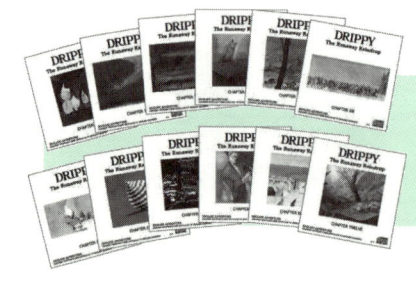

「イングリッシュ・アドベンチャー」シリーズ

アカデミー出版　制作当時の情報です。

名優によるナレーションとシドニー・シェルダンなどの脚本。英語を学ぶというよりは、英語で物語が楽しめる教材。内容が面白いので続けやすい。p. 110 で紹介した「コピー音読」に適している。『家出のドリッピー』（全12章）など5つのコースがある。申し込みや詳細はアカデミー出版のサイト（http://www.ea-go.com/）で。

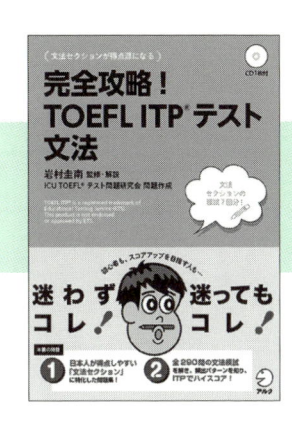

『完全攻略！
TOEFL ITP®テスト文法』

岩村圭南／アルク／2400円（税抜）

アカデミックな英語力を測定するTOEFL ITPテスト。本書は、「文法セクション」攻略に特化した一冊です。文法セクションに取り組む際の心構えから、頻出問題を文法項目ごとに詳しく解説。また文法セクションの「模試7回分」を収録しており、問題を数多くこなすことで、問題を解くリズムと実力を養うことができます。

『「達人」の英語学習法
──データが語る効果的な外国語習得法とは』

竹内　理／草思社／1500円（税抜）　制作当時の情報です。

英語の「達人」が行った実際の学習法を紹介した1冊。「英語の学習に成功する人と失敗する人」の特徴や、辞書の使い方、効果的な復習法なども知ることができる。1人の体験談ではないため内容に説得力がある。英語学習の方向性をチェックするために毎年1回読むといいだろう。

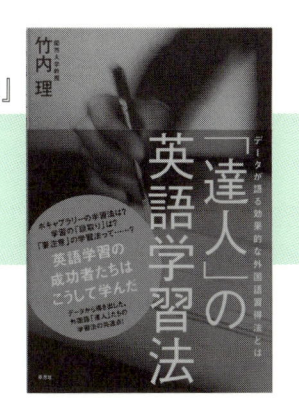

英語学習に役立つウェブサイト

「The Japan Times ST オンライン」

http://st.japantimes.co.jp/　制作当時の情報です。

リーディングの練習に役立つサイト。英語学習者向けの英字新聞『The Japan Times ST』に掲載された記事を、インターネット上で読むことができる。初級～中級者向き。ウェブ版では、音声や全訳などのコンテンツが充実している。語彙レベルは低めなので、ストレスなく読むことができる。精読や多読の第一歩に。

「The Japan Times ONLINE」

http://www.japantimes.co.jp/ 制作当時の情報です。

日本で起きていることを英語で知るのに役立つ英字新聞『The Japan Times』。ウェブ版には、「LIFE」や「SPORTS」など親しみやすいカテゴリーもあり、好きな記事を自由に閲覧できる。日本語でニュースを読んでから、ここで類似の話題を読めば「バイリンガル・リーディング」になる（p. 119参照）。語彙レベルは高めなので、中級以上向け。

海外企業のウェブサイト（「McDonald's USA」など）

http://www.mcdonalds.com/ 制作当時の情報です。

「マクドナルド」のような、有名企業のサイトなら、英語を読むにも抵抗が少ない。日本本社のサイトを読んでから、英語のサイトを閲覧すると、分かりやすくなるかもしれない。映画好きの人には映画会社のサイトなども面白いだろう。

「YouTube」

http://www.youtube.com/

有名人のスピーチを聞くのにはYouTubeが便利（speechと入力するか、スピーチをした人の名前で検索）。英文のスクリプトは掲載されていないが、ウェブを検索すれば大抵見つけることができるだろう。外国で放映されている日本のアニメを英語で閲覧することもできる。

オススメの辞典

『ロングマン Exams 英英辞典』

桐原書店／5200 円（税抜）　制作当時の情報です。

英英辞典は有名なものが多いが、どれも有益。手に取ってみて、自分に合いそうなものを使うこと。知らない語だけでなく、知っている語を調べても学べることが多い。この辞典には各単語に使用頻度が付記されているのが便利。

Collins COBUILD Learner's Dictionary

センゲージラーニング／2848 円（税抜）　制作当時の情報です。

この辞典では単語の定義を会話調で説明しているので、横にいる家庭教師から意味を教わっているような感覚になる。「引く辞典」ではなく「読む辞典」と呼べる。例文は学習者向けに理解しやすい英語で書かれてあり、読むだけで日常会話の練習にもなる。

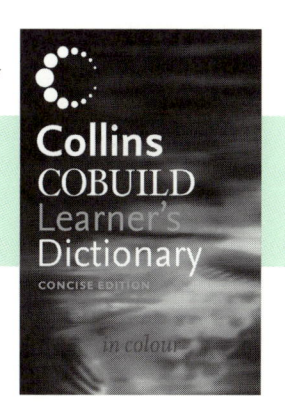

「英辞郎 on the WEB」

http://www.alc.co.jp/

ウェブ辞書は手軽に使えるので便利。中でもアルクのサイトにある「英辞郎 on the WEB」は語彙と例文が豊富で、検索しやすいのが特徴。そのほかのウェブ辞書では、単語の発音が聞ける「goo 辞書」(http://dictionary.goo.ne.jp/ej/) が役に立つ。

アルクからのオススメ

『改訂版キクタン【Basic】4000』

アルク／ 1400 円（税抜）

音楽に合わせて単語を聞く「チャンツ」を使って、楽しく英単語が覚えられる「キクタン」シリーズ。本書では、日常会話や各種テスト対策に必須の単語1120 を収録。中級者向けに、さらに難しい単語を収録した『改訂版キクタン【Advanced】6000』などもある。

『究極の英語リスニング Vol. 1 1000語レベルで1万語』

アルク／ 1700 円（税抜）

初心者向けリスニング学習書。使用する語を1000語に制限しているので、「単語が分からないので聞き取れない」ということがないのが特徴。ゆっくりからナチュラルスピードまで、さまざまな速さの英文が収録されているので、リスニングが苦手な人でも取り組みやすい。ほかに、日常生活の必須単語を使った『Vol. 2』（2000 語レベル）なども。

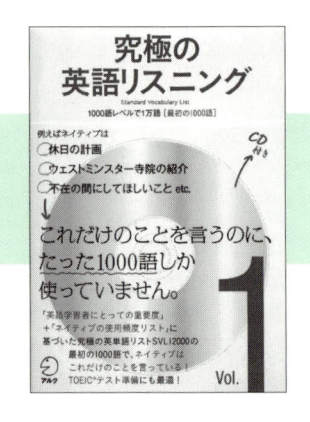

『Mr. Evineの中学英文法を修了するドリル』

Evine ／ 1700 円（税抜）

中学3年間で習う英文法が学べる1冊。1日1項目、トータル1カ月のレッスンで「5文型」から「関係代名詞」までの29項目を復習する。項目ごとに詳しい解説と練習問題の両方が収録されているので、文法書としても、問題集としても使うことができる。

『TOEIC®テスト 究極の模試600問』

ヒロ前田／2600円（税抜）

本書は本番形式に近い模試を3回分収録、最新の傾向に沿った600問を掲載している。予想スコアを算出し、苦手とする問題タイプを診断できる上、ゼミ形式の解説もついており、さまざまな目的に対応可能な1冊だ。

『新これならできる！ TOEIC® LISTENING AND READING TEST 超入門』

石井洋佑 監修／CD版　23000円（税抜）
　　　　　　　　mp3版　21000円（税抜）

初心者向けTOEIC通信講座。1日15分、週3日と週末の学習で、TOEICの対策ができ、英語の基礎的な知識を身に付けられる。GTEC College Test Edition 対策にも有効。日本語ナビゲーションや解説が収録されており、音声だけでも学習ができるようになっている。受講期間は3カ月。

『TOEIC®テスト 究極のゼミ Part 7』

ヒロ前田／2000円（税抜）

Part 7で出題される問題を「設問タイプ」に分けて紹介し、解法を分かりやすく解説。また、「パラフレーズ」や「不正解の見抜き方」など、Part 7の問題を解く上で知っておくべき重要なポイントを学ぶ。正解の根拠やPart 7の解答手順、不正解の理由などが紹介されており、同様の試験形式をもつGTEC College Test Edition にも十分役立つだろう。

column

リスニング力upに役立つ　英語の発音の特徴

　リスニング力を高めるには発音を学ぶことが効果的です。英語にはthinkのth-やcatの-a-など日本語に存在しない音があり、これについて学ぶのも大切ですが、より重要なのは①リズム　②音の変化　③イントネーションです。

①リズム

　英語では日本語と比べて強弱のリズムが強調されます。強く発音されるのは「内容語」と呼ばれる名詞、動詞、形容詞、副詞で、それ以外の冠詞(a/an/the)や代名詞(his/her/ourほか)、助動詞(should/willほか)などは、通常弱く発音されます。声に出して発音して、英語のリズムを実感してください。

例文1
　　　　Dogs　　　　hide　　　bones.
　　　　名詞　　　　動詞　　　名詞
　　　　　●　　　　　●　　　　●

「犬は骨を隠す」という意味です。内容語（名詞と動詞）しかありませんので、強弱のリズムはありません。「ポン・ポン・ポン」という3拍子です。

例文2
　　The　dogs　　　hide　　the bones.
　　冠詞　名詞　　　動詞　　冠詞 名詞
　　　●　　●　　　　●　　　　●

冠詞が交じっていますが、内容語は変わっていません。冠詞は強調されないので、短くあいまいに発音されます。3拍子のリズムで、「ポポン・ポン・ポポン」のようになります。所要時間は例文1と同じです。

例文3
　　The　dogs　　　have　hidden the bones.
　　冠詞　名詞　　　助動詞 動詞　冠詞 名詞
　　　●　　●　　　　●　　●　　　　●

助動詞のhaveも強調されないので、この文も3拍子で発音されます。「ポポン・ポポン・ポポン」のようになります。所要時間は例文1と同じです。

例文4
　　The　dogs　should have　hidden the bones.
　　冠詞　名詞　助動詞 助動詞　動詞　冠詞 名詞
　　　●　　●　　　●　　●　　●　　　　●

さらにshouldという助動詞が加わりましたが3拍子は変わりません。「ポポン・ポ

ポポン・ポポン」のようになります。所要時間は例文1と同じです。

　4つのメッセージは微妙に異なりますが、重要な意味を持つ言葉は「犬」「骨」「隠す」だけですから、それらが強く発音され、それ以外の語は弱くあいまいになります。そして、すべて同じ時間の中で発音されます。ゆっくり拍手するように、手でリズムを作りながら4つ連続して発音してみてください。

> 例文1　　**Dogs　　　　hide　　　bones.** （犬は骨を隠す）
> 例文2　**The dogs　　　hide　　the bones.** （その犬は骨を隠す）
> 例文3　**The dogs　　have hidden the bones.** （その犬は骨を隠した）
> 例文4　**The dogs should have hidden the bones.** （その犬は骨を隠したはずだ）

　例文4ではリズムが崩れそうになりませんか。単語の発音そのままに should have を「シュッド・ハブ」と発音すると、そうなりがちです。3拍子のリズムを保つには、それぞれの語をはっきり「シュッド」「ハブ」と発音する余裕がないため、何らかの工夫が必要です。こういう場合ネイティブ・スピーカーは should have を「シュラ」のように発音します。これが「音の変化」です。

②音の変化

　重要な音の変化として「脱落」や「連結」があります。例文4の should have では [d] と [h] が連続しています。このような場合、have の [h] の音が落ち、かつ should と ave がくっつき、should_ave という別の語に変化したように聞こえます。さらに [d]（と [t]）は母音の間にあると、「ラ行」に近い音に変化します。結果として、should have は「シュラブ」となるはずですが、弱く発音され、後ろに hidden が続くため「ブ」がほとんど聞こえなくなり、「シュラ」のように聞こえます。

　では例文4の should have を「シュラ」だと思って、もう一度3拍子で発音してみてください。例文3では dogs have が連続しているので、同様に have の [h] を落とし、dogs_ave（ドッグザブ）のように発音すると、リズムを作りやすくなります。

脱落の例

（h で始まる代名詞の h- の音が落ちる。[p][b][t] などが2つ並んだ場合、前の音が落ちる）
call her → call h̲er （「コール・ハー」ではなく「コーラ」に聞こえる）
must be → must b̲e （「マスト・ビー」ではなく「マスビ」に聞こえる）

連結の例
(子音で終わる語の後ろに母音で始まる語が来れば、音がつながる)
make it → make_it (「メイク・イット」ではなく「メイキッ」に聞こえる)
find out → find_out (「ファインド・アウト」ではなく「ファインダウト」に聞こえる)

音の変化を学び、習得するためには次の方法がお勧めです。

STEP 1　文字を見ずに3〜5秒程度の英文を聞く
STEP 2　それを鉛筆やパソコンで書き起こす
　　　　（短文ならイメージするだけでもOK）
STEP 3　完全復元できたと思うまで、STEP 2を繰り返す
STEP 4　文字を確認して聞き直す
STEP 5　文字を見ずに正しい英文を音読(まね)してみる

　発音の練習では、実際に英語を聞いて「聞こえたまま、まねすること」が重要です。自分がイメージする音を勝手に発音していると、存在しない音を話し、聞くことになります。これではリスニングの上達は遅くなるでしょう。発音を鍛えれば聞き手のためになりますが、自分のリスニング力も向上するのです。

③イントネーション

　英語では音の強弱のほかに、高低を使うことで、言いたいことを伝わりやすくする傾向があります。カフェで店員が客にWhat would you like to have?(何にしますか)と尋ねる時は、Whatとhaveが強調され、youは弱く発音されます。
　客2人がメニューを見ながら会話をしていて、片方が「私はコーヒー。あなたは?」と相手に尋ねる場合はどうでしょうか。

A: I'll have coffee. What would you like to have?
　（私はコーヒー、あなたは?）
B: I'll take orange juice. (オレンジジュースにします)

Aさんはyouを強調したいはずです。この場合、youは通常「高く」発音されます。

　ネイティブ・スピーカーが日本人の英語を理解できない原因は、発音そのものよりは、強弱のリズムとイントネーションにあることが多いようです。ですから、英語を話す際には、やや大げさかと思うくらいに音の強弱と高低を意識してください。もちろん、それを心掛けることでリスニングも楽になっていきます。

知っているとスコアアップ!?
GTEC College Test Edition 受験のコツ

知っておくと役に立つ受験のテクニックと、テスト画面の操作の注意点をまとめました。模試やテストを受ける前に確認しておきましょう。

受験のテクニック
- **問題の形式**に慣れてから、受験する
  - →「パート別問題紹介」(p.21〜) を参考に
- パートごとに**制限時間**があるので、時間切れに注意
  - →普段から制限時間を設けて問題を解く練習をしよう

  1問に使える時間の目安

  Listening Section　　Part A：30秒　Part B：25秒　Part C：35秒
  Reading Section　　 Part A：40秒　Part B：60秒　Part C：90秒

- **Listening Section**の**Part A**では、**それぞれの選択肢を聞いた時点で**、正しいか間違いかを考える
- **Part B**では、**消去法**を使って考えよう
- **Part C**では、**先に設問に目を通して**、何を聞き取ればよいのかを把握してから、音声を聞こう
- **Reading Section**の**Part A**では「語彙問題」「文法問題」の2種類が出題される。**「文法問題」なら問題文をすべて読まなくても解答できる**場合が多い
  - →詳しくは「スコアupのコツ　Reading Section 編①」(p.115) を参照
- **Part B・C**では、**先に設問に目を通して何が問われているかを把握してから、長文を読もう**

テスト画面操作上の注意
- 「Next」と書かれたボタンを押すと、**前の問題には戻れない**
- 各パートの**制限時間が来ると**、解答を選んでいなくても**自動的に次の問題に進む**
- **Remaining time 2min(s)** の表示は、「**残り2分以下**」のこと
- **Listening Section**では、「**Listen**」ボタンを押さないと、音声は始まらない
  - →それでも制限時間は減るので、注意
- 音声は**1回**しか聞くことができない
- **Reading Section**のPart Cでは、1つの長文につき3つの設問が出題されるが、設問は1問ずつしか表示されない。**1問しかないと誤解しないように**
  - →解答をクリックして「**Next**」ボタンを押すと、次の問題が表示される

はじめての
GTEC
College Test Edition

発行日
2010年4月30日（初版）
2018年3月13日（第9刷）

解説
ヒロ前田

協力
株式会社 ベネッセコーポレーション

編集
株式会社 アルク　文教教材編集部

英文校正
Peter Branscombe

デザイン・DTP
ビー・シー

CD-ROMプレス
株式会社 学研プラス

印刷・製本
株式会社 平河工業社

発行者
平本照麿

発行所
株式会社アルク
〒102-0073　東京都千代田区九段北4-2-6 市ヶ谷ビル
TEL: 03-3556-5501
FAX: 03-3556-1370
Email: csss@alc.co.jp
Website: https://www.alc.co.jp/

ヒロ前田（Hiro Maeda）
TOEIC受験力UPトレーナー。大人のための勉強スペース「T'z英語ラウンジ」経営。アルクおよび全国の大学・大学生協・高校でスコアアップ指導を行っている。また、教員向けに「成果の出るTOEICの教え方」も指導する。TOEIC受験回数は100回を超える。2017年5月に、47都道府県での受験を達成。取得スコアは15点から990点まで幅広い。著書に『GTEC完全攻略』（解説）、『TOEIC®テスト 新形式問題やり込みドリル』（アルク）など多数ある。

落丁本、乱丁本は、弊社にてお取り替えいたしております。アルクお客様センター（電話：03-3556-5501　受付時間：平日9時〜17時）までご相談ください。
本書の全部または一部の無断転載を禁じます。
著作権法上で認められた場合を除いて、本書からのコピーを禁じます。
定価はカバーに表示してあります。

製品サポート：https://www.alc.co.jp/usersupport/

©2010 Hiroyuki Maeda/Benesse Corporation/
ALC PRESS INC.
Printed in Japan
PC : 7010051
ISBN:978-4-7574-1874-5

地球人ネットワークを創る
アルクのシンボル
「地球人マーク」です。